经济高质量发展的流通先导微观机制研究

韩朝亮 / 著

经济管理出版社
ECONOMY & MANAGEMENT PUBLISHING HOUSE

图书在版编目（CIP）数据

经济高质量发展的流通先导微观机制研究/韩朝亮著 . —北京：经济管理出版社，2022.9
ISBN 978-7-5096-8733-8

Ⅰ . ①经…　Ⅱ . ①韩…　Ⅲ . ①流通经济学—研究　Ⅳ . ①F014.3

中国版本图书馆 CIP 数据核字（2022）第 178619 号

组稿编辑：王　蕾
责任编辑：杨　雪
助理编辑：王　蕾
责任印制：黄章平
责任校对：董杉珊

出版发行：经济管理出版社
　　　　　（北京市海淀区北蜂窝 8 号中雅大厦 A 座 11 层　100038）
网　　址：www. E-mp. com. cn
电　　话：（010）51915602
印　　刷：唐山玺诚印务有限公司
经　　销：新华书店
开　　本：720mm×1000mm/16
印　　张：12.5
字　　数：179 千字
版　　次：2022 年 11 月第 1 版　　2022 年 11 月第 1 次印刷
书　　号：ISBN 978-7-5096-8733-8
定　　价：68.00 元

前　言

　　在经济高质量发展的背景下，寻求经济高质量发展的实现路径成为理论研究与决策咨询的关切点。2020年9月，中央财经委员会第八次会议研究了畅通国民经济循环和现代流通体系建设问题，创新性地提出了"流通效率与生产效率同等重要"的理论命题，要求必须把建设现代流通体系作为一项重要战略任务来抓。习近平总书记关于现代流通体系的前瞻论断为经济高质量发展提出了新的实现路径。

　　本书以流通环节作用于经济高质量发展的机制为研究对象，流通环节作用于经济高质量发展的研究分为宏观层次研究与微观层次研究，本书系统地梳理了马克思主义流通理论与西方经济学流通理论，研究发现国内外研究主要围绕宏观层面展开，鲜有从微观视角研究流通环节对个体供给与需求的作用。因此，本书从微观层面构建了流通环节作用于经济高质量发展的理论模型。本书认为流通环节是市场的具象化，是供求相互作用的经济空间，流通环节是资源配置、价格产生的微观基础。流通环节创设了经济空间，具体包括实体经济空间与数字经济空间，实体经济空间与数字经济空间相互映射，形成平行系统。数字经济空间通过数字技术将结果反馈给实体经济空间，实现对实体经济空间资源的优化配置。实体经济空间可以细化为建设性经济空间和破坏性经济空间。流通环节为生产与消费的双向匹配提供了经济空间，是商品（服务）价值实现所必需的过程，其创造了建设性经济空间；由于竞争策略的存在，在商品（服务）价值实现过程中，存在非必要的、损害经济福利或降低市场资源配置效率的一系列经济活动，其构成了破坏性经济空间。在流通环节创设的经济空间内，流通环节作用于经济高质量发展的核心是信息通用技术作用于流通过程，通过物理空间的数据沉淀形成数据要素。数据要素不仅可以实现自身增值，还可以实现其他资源的增值，即数据要素内生化过程。通过数据要素内生化，实现生产变革与消费变革，同时实现交易效率的提升，增强网络外部性与交叉网络外部性，最终实现经济高质量发展。通过构建生产—流通—消费三部门封闭经济系统数理模型，借助比较静态分析，分析了流通环节作用于经济空间内生产、交易、消费、外部性的微观机制。阿里巴巴集团的案例分析进一步证明了流通环节作用于经济高质量发展的机制，并且通过国家市场监督管理总局公布的其对阿里巴巴集团的行政处罚决定，拓展了关于破坏性经济空间的研究。本书为经济高质量发展提供了流通路径，对拓展流通环节的微观研究做出了相应的边际贡献。

本书的完成要感谢哲学社会科学研究规划项目的支持，感谢项目组成员的付出，同时，还要感谢经济管理出版社杨雪编辑的热心帮助与支持。此外，在本书的撰写过程中，我们借鉴吸收了国内外专家学者的研究成果，在此致以诚挚的谢意。

由于水平有限，本书一定会有欠缺之处，恳请广大读者予以批评指正。

韩朝亮

2021 年 6 月

目　录

第一章

绪　论

第一节　研究背景

随着经济发展的内生动力与外部环境的变化，党的十九大报告对中国的发展阶段做出了科学论断，中国经济已由高速增长阶段向高质量发展阶段转变。随着经济高质量发展阶段的确立，在"十四五"时期及今后一个时期，由于发展阶段的特征差异，经济工作需要重点解决质量与效率的问题，寻求经济发展的质量变革、效率变革和动力变革。在改革开放后的经济高速增长阶段，驱动中国经济增长的基本动力是要素的投入；进入经济高质量发展阶段，其基本动力逐渐转变为要素优化与再配置。要素优化主要依赖人力资本与资本优化，而人力资本与资本优化的基础是再配置，即要素的市场化与要素市场体系的建设。2020 年 3 月 30 日，中共中央、国务院出台《关于构建更加完善的要素市场化配置体制机制的意见》，重点回答了如何通过要素市场化改革和要素市场体系建设，实现要素配置效率的提高，进而实现经济高质量发展。在此，国家政策开始重点关注市场机制发挥的作用，使市场机制逐步具象化。

健全市场体系中的市场在西方经济学范畴内的核心是价格机制，新古典经济学依靠价格调节配置要素，但生产与消费的直接见面抽象掉了市场，依靠新古典经济学构建的市场经济实质是"无市场"。对于市场研究，马克思主义经济学给予了重点关注，马克思对流通问题的研究弥补了新古典经济学关于市场的空白。但马克思主义经济学关于流通问题的研究主要服务于资本流通，其仍然处于"抽象化"阶段，不具有实际操作意义。2020 年 9 月，中央财经委员会第八次会议首次将流通问题上升为国家战略，其不仅从社会再生产角度分析了流通体系的基础性地位，还提出了"生产效率与流通效率同等重要"的科学论断。更为关键的是，其在马克思主义经济学的基础上，创新性地拓展了流通体系建设的具体举措，重点指出要通过物流体系、商贸流通体系、信用体系等的建设，实现流通的基础性、先导性作用。中央财经委员会第八次会议使流通问题真正回归"具象化"，直接回答了流通是经济高质量发展的新动力来源。

回顾中国流通体系建设的历程，中华人民共和国成立后，长期处于"流通无用论"阶段，流通只是生产的延续与辅助，流通环节不仅不能有效引导生产、配置资源，而且还在一定程度上限制了社会再生产的实现。1992 年确立社会主义市场经济体制改革目标后，流通市场化改革开始起步，自由交换的市场流通体系真正建立并日益完善，尤其是 2001 年中国加入世界贸易组织（WTO）后，真正进入了现代化流通体系建设阶段。党的十八大以来，流通业的功能定位进一步明确，国家文件多次明确了流通的基础性、先导性作用，同时不断加快流通体系建设与流通创新步伐。但从全球来看，流通体系的构建是一个逐步完善的过程，中国流通领域的问题仍然是经济高质量发展的基础瓶颈。虽然改革开放以来我国尝试流通改革，但"重生产、轻流通"的观念仍然严重。进入 21 世纪后，我国逐步意识到消费的决定性作用，但仍忽略了流通环节在社会再生产中的关键作用。流通体系是长期演化的结果，其是流通节点逐步连接、流通网络不断完善的产物。中国流通环节长期存在城乡基础设施供给不均衡，二元结构明显；流通网络不完善，缺乏配置资源的基础性作用；缺乏全球竞争力的流通企业，竞争力偏弱，市场集中度低；整体专业化、社会化、现代化程度不高，标准化、信息化、集约化水平有待提升等诸多问题。流通环节存在诸多问题的直接结果是流通效率低下，流通费用高昂，制约了社会分工水平的提高。因此，需要借鉴美国、日本等国家，在全社会范围内开展新的"流通革命"，构建与经济高质量发展阶段相匹配的现代流通体系，真正实现流通环节的基础性、先导性作用。

为了具体说明流通环节对经济高质量发展的作用，本书通过现有研究成果的调研与直接调研，更加直观地说明了此次研究所处的背景。根据上海交通大学安泰经济与管理学院何帆教授团队于 2020 年公布的调研材料①，其对全国"隐形冠军"小镇进行了调研，在小镇调研的过程中，何帆教授团队发现了一种巨大的反差。在供给侧，中国的"隐形冠军"小镇蕴含着完备的生产体系与生产能力，绝大部分小镇在其细分领域占据绝对市场地位；在需求侧，由于"隐形冠军"小镇基础设施不断完善，小镇居民普遍渴望日益完善的美好生活，其同样蕴含着日益提高的消费能力；但在供给侧与需求侧之间，出现了显著的流通鸿沟，生产与消费无法实现有效的再配置、再循环。为什么从生产到消费的循环会出现如此大的断裂呢？中国存在大量的"隐形冠军"小镇，如江苏省泰兴市黄桥镇是世界最大的小提琴出口基地；山东省潍坊市昌乐县鄌郚镇生产了全世界将近1/3的吉他；全世界将近1/3、全国将近一半的泳衣来自辽宁省葫芦岛市兴城市；河南省许昌市有"假发之都"的名号，假发出口量占全世界市场份额的一半以上；山东省菏泽市曹县生产了全国80%以上的棺材，日本90%以上的棺材来自这里；浙江省衢州市江山市生产的羽毛球占据了全国将近1/3的市场份额；全国超过85%的钢卷尺来自河南省商丘市虞城县稍岗镇；扬州的杭集镇专门生产酒店用品；江

---

① 何帆. 变量［M］. 北京：中信出版社，2021.

苏省丹阳市专门生产眼镜；世界上70%的打火机来自湖南邵东县；浙江省诸暨市一个叫山下湖的小镇，向世界输出了七成以上的淡水珍珠；全国60%的宠物食品来自河北南和县。中国的生产质量并不差，国外畅销的网红产品大多产自中国。比如，佛山是"中国陶瓷卫浴之都"，中国游客到日本买回来的马桶盖，有可能就是在中国生产的。每个小镇的生产都有自己的特色，"一镇一品"，甚至可能"一村一品"，与此相对的是，小镇的消费却没有什么特色。为什么中国的"隐形冠军"小镇产品可以在全球市场占据领先地位，却放弃了流通费用极低的身边市场。为什么莆田能轻松仿真1∶1的椰子鞋，却不能为周边小镇的消费者生产质优价廉的莆田鞋。

中国经济发展的症结既不在生产，也不在消费，而是在中间的流通。为什么中国庞大的生产能力无法触及小镇的父老乡亲？因为大批生产能力最先是被海外市场激发出来的，他们只会做外销，不会做内销，大批出口走的都是"沃尔玛模式"。沃尔玛刚到中国的时候，由于不熟悉情况，曾经请香港人帮忙联系生产厂商，后来就开始直接跟内地的生产厂商联系。沃尔玛的产品一开始并不在中国国内销售，它是为国外市场订货的，所以，一大批中国生产厂商坐上了沃尔玛的航船"出海"。这种模式的坏处是生产厂商的利润率很低，因为渠道并不在他们这边。这种模式的好处是，生产企业不需要承担风险与不确定性，按要求完成订单就可以获得利润，虽然利润微薄，但资金周转速度极快，收益稳定。

如果你想在国内销售，那走的是"家乐福模式"，家乐福于1995年进入中国市场，和沃尔玛不同，家乐福的首要目标是在中国实现网点扩张与商品销售。长期以来，家乐福是中国流通环节的标杆，被誉为流通领域的"黄埔军校"。家乐福模式显著区别于沃尔玛模式，沃尔玛模式需要生产企业自行承担经营风险与外部不确定性，而家乐福模式依靠渠道优势，完全消除了自身的风险与不确定性。家乐福收取渠道费用，渠道费用涵盖上架费、特殊位置费、节庆费、装修费等，并且家乐福作为渠道商只负责提供渠道，具体销售仍然是生产企业的事情，如果滞销，家乐福可以要求退货；如果卖得少，家乐福会要求补交保底费。依托渠道优势,家乐福开发出"类金融模式",其普遍拉长账期,拖欠甚至达到 6 个月。依靠持续动态的对生产企业的资金占用,家乐福迅速拓展网点,继续增强其渠道控制能力,使得生产厂商更加依附于家乐福。

除了超市,还有百货商场。家乐福是超市,超市卖的都是便利品,价格较低,顾客购买的频次高;百货商场卖的是选购品,顾客可以有更多的选择。过去,中国百货大楼是自营模式,售货员分成不同的班组,有卖服装的,有卖鞋帽的。当时,每个班组都是自己进货、自己卖货,如果卖不动,损失由自己承担。后来,百货商场的经营模式变成了联营。联营模式的核心仍然是渠道控制模式,百货商场通过渠道搭建,自身转化为房东,把店铺租给生产厂商与商家,自己收取租金或销售佣金,百货商店丧失了流通双向匹配的能力。此时,百货商店经营的核心是招商工作,如何提高店铺吸引力和租金是百货商店经营的重心。百货商场模式与超市模式如出一辙,普遍依靠渠道优势获取收益。后来又出现了网络电商,但遗憾的是,网络电商在很大程度上也复制了"家乐福模式"。比如,京东并不开店,而是通过仓库配货,并以非常快的配送速度在当日或者次日送货到家。京东能够做到这一点,主要是因为城市化的发展使需求变得更加密集。在江浙沪一带的包邮区,供给和需求很稠密,很快就能实现规模经济。京东和家乐福一样,不会先付钱给生产商,京东也会占用生产商的账期。再来看天猫,天猫的模式与家乐福极其相似,其不需要线下渠道的货架,但如果想把商品放置到天猫网页的显眼位置或者通过搜索系统放置到首页,需要支付额外的费用。每逢"618"和"双 11",平台会要求商家降价甚至是五折销售。在这种模式下,大厂反而不容易生存,小厂则处于恶性竞争的陷阱。本来,商业竞争的维度是有很多的,不仅有价格竞争,还有品质的竞争、品位的竞争、体验感的竞争,但在电商的诱导下,如今的竞争只有一个维度,那就是价格竞争。

那为什么会有"沃尔玛模式"和"家乐福模式"的不同呢?这其实起

源于资产性质的不同。"沃尔玛模式"产生的核心是自有资产,通过自有店铺与自有资产实现扩张,在扩张过程中如果遇到资金限制,很容易从银行获得资金。而家乐福没有自有资产,无法从银行获取资金,其只能依靠渠道优势实现盈利。土地的性质决定了资本的性质,资本的性质决定了商业的模式,这就是经济学里所讲的"路径依赖性"。例如,马屁股的宽度决定了马车的宽度,马车的宽度决定了马路的宽度,甚至高速公路的宽度。从家乐福到国美、苏宁,再到万达商业、物美、永辉,最后到京东、天猫,其本质都是家乐福内销模式的一个侧面,这种模式的核心都是通过渠道优势压榨生产厂商,正是由于渠道的机会稀缺,而生产的能力又过剩,才出现了这种结果。中国"隐形冠军"小镇完备的生产体系与生产能力主要是依托海外市场,中国"隐形冠军"小镇无形中借助国外高效的流通体系与金融体系,获得了长足的发展。然而,随着国内生产成本不断上升,加之新冠肺炎疫情以及中美贸易摩擦的影响,海外需求锐减,大量外贸企业想把市场转向国内,但却困难重重。由于外销厂商自身不承担风险与不确定性,因此既做不了内销,也干不了电商。红红火火的国内消费在很大程度上被误导为单一维度的价格竞争。残酷的价格竞争导致生产商的利润薄如刀片,他们很难获得提高品质、研发创新的机会。于是,中国巨大的生产能力和消费能力"一个朝左,一个朝右","相思"终日,却无缘相见。

何帆教授通过 2020 年一年的反复调研,发现制约中国经济高质量发展的关键症结在流通环节。他从微观层面发现流通环节的问题,认为从时间序列数据与实证结果来看流通环节的问题更加直观。通常我们关注流通领域的几个长期问题,物流是流通的物质基础,其运行状况直接体现了流通作用的发挥情况。根据中国物流与采购联合会发布的数据,2020 年,社会物流总费用为 14.9 万亿元,同比增长了 2.0%;社会物流总费用与 GDP 的比率为 14.7%,与上年基本持平。中国物流费用率由 2012 年的 18% 下降到 2020 年的 14.7%,自 2013 年以来,社会物流效率进入快速提升期:2012 年 18%,2013 年 16.9%,2014 年 16.6%,2015 年 16%,2016 年 14.9%,2017 年

14.6%，2018 年 14.8%，2019 年 14.7%，2020 年 14.7%，连续五年低于 15%，具体如图 1-1 所示。根据美国供应链管理专业协会（CSCMP）发布的《第 30 次美国物流年报》，2018 年，美国企业物流总成本为 1.64 万亿美元，物流费用率为 8%。同期，欧洲主要国家、日本的物流费用率始终维持在 8% 以下，说明我国的物流费用还是较高。

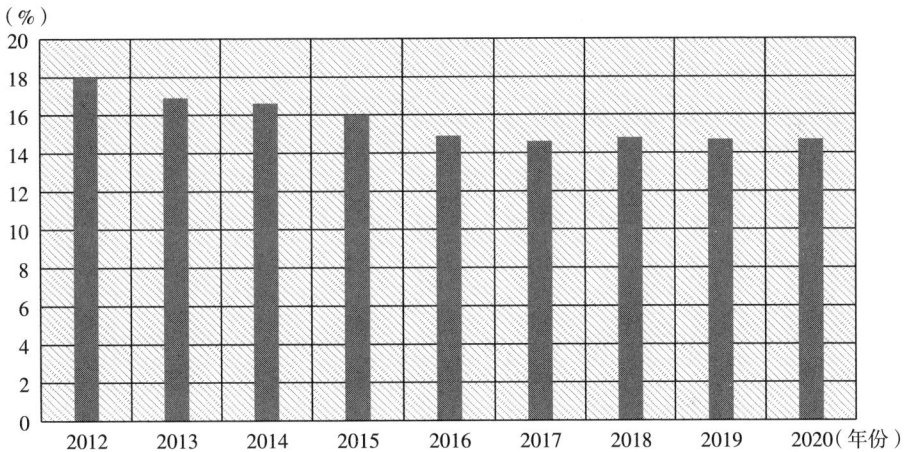

图 1-1　2012~2020 年中国物流费用率变化趋势

资料来源：中国物流与采购联合会。

此外，农产品流通也是流通环节长期存在的主要问题，除了流通环节多、流通加价高外，农产品"卖难"问题始终是中国农业的症结，生鲜农产品尤为突出。调研组长期跟踪环渤海地区的苹果流通问题，山东省的烟台、临沂、青岛、东营等地区，以及辽宁省的大连、营口地区是环渤海区域主要的苹果产地。苹果的销售主要通过农村经纪人与批发市场销售。近年来，农村经纪人通过建设果蔬合作社，在获得国家补助的同时，加强冷链与储运设施建设，拓展销售网络。在果蔬销售过程中，农民采摘苹果后，往往直接运送到果蔬合作社直接销售。由于农村中人情社会的存在，在一定区域内，往往处于买方市场，采购价格与采购量由农村经纪人控制。虽然存在其他农村经纪人的竞争，但出于人情的考量，以及长期销售的可能，在相对低于市价的情况下，出售给当地农村经纪人，于是出现了质量较好的苹果价格却相对较低的现象。虽然出现了直播电商、农超对接等形式，但其在苹果销售渠道中的作用可以忽略不计。尤其是在国外市场、国内市场发生不可抗力的时期，如在新冠肺炎疫情下，部分销售到欧洲地区、东南亚地区的渠道被关闭，农村经纪人减少采购或停止采购，果农的苹果只能自己储存，由于缺乏必要的储存设施，只能以传统方式储存，导致部分苹果腐烂变质，果农血本无归。部分储存技术较好的果农，苹果也处于滞销状态，只能自己运输到周边省会城市的批发市场销售，除去种植成本、人工成本、库存成本与运输成本，果农所剩无几。果农种植苹果收入甚微，加之部分苹果树病虫害严重，部分农民放弃种植苹果，被迫外出打工。

上述关于"隐形冠军"小镇、物流费用、农产品流通等环节的叙述从现象层面说明了流通环节存在的问题。自加入 WTO 以来，中国流通环节不断加强体制机制创新，配置流通主体，鼓励流通渠道融合，不断提高资源双向匹配的效率。但是，我国流通环节效率低、环节多、成本高等问题仍然未解决，区域不均衡、呈现不均衡等问题依然存在。从整体来看：一是缺乏对流通环节的顶层设计，缺乏对流通环节基础性、先导性的认识，未能在全社会范围内开展深入的"流通革命"，对流通的认识仍停留在生产的延伸阶段；二是缺乏与流通革命相适应的体制机制改革，尤其是在制度层面，没有在电子商务、物流、数据等领域形成支撑实践的法律法规体系，实践跑赢制度的现象比比皆是；三是缺乏具有国际影响力的流通主体，在商流、物流、资金流、信息流等环节缺少流通企业、物流企业、金融机构、供应链服务企业，缺少可以在国际市场具有支配地位的流通主体，缺少商品（服务）进入海外渠道的企业，缺少国际话语权；四是流通数字化转型仍处于起步阶段，虽然部分平台企业在数据采集、应用方面取得了先试先行经验，但从全行业来看，流通数字化转型还处于起步的单点应用阶段，缺乏有效的网络化、数字化、智能化解决方案，大数据决策、机器学习与智能商务仍处于探索阶段。

总体而言，流通领域仍然处于劳动力依赖阶段，行业的数字化、智能化水平并不高，进一步制约了流通成本的降低，流通效率的提高。除上述问题以外，长期制约中国流通环节的问题依然存在，流通环节长期存在环节多的问题，农产品从田间到餐桌，要经过 4~6 个环节，每个环节加价，导致消费者与农户收益较低。由于环节成本较高，加之税收和管理费用，导致流通成本高。作为流通环节的物质基础，中国物流费用长期高于美国、日本等国家，并且从未来可能遇到的挑战来看，土地、人力、租金等费用的提高，使内贸流通成本上升，压力加大。渠道冲突依然严重，流通环节由于盈利模式的路径依赖，流通环节普遍存在进场费、上架费、节庆费等渠道费用，"类金融"的延长账期现象依然普遍。区域不均衡现象明显，农村流通环节发展滞后，农村流通主体、流通渠道、流通基础设施滞后，导致产品"卖难"、增产不增收问题长期存在。供需错配依然明显，流通作为双向匹配的平台，仍然缺乏足够的传导能力，导致有效供给不足，未能及时满足消费者的多样化、个性化需求，部分消费外流。线下企业转型缓慢，渠道融合水平低下，供应链管理仍处于初级阶段。

中国电子商务在模式创新、技术应用以及普及程度方面是全球的代表，我国电子商务持续快速发展，各种新业态不断涌现，在增强经济发展活力、提高资源配置效率、推动传统产业转型升级、开辟就业创业渠道等方面发挥了重要作用。但不可否认的是，电子商务平台在不断通过信息技术提高全社会资源配置的同时，仍然存在突出问题，电子商务平台主要探索商业模式创新，技术创新与应用明显不足；电子商务市场主体仍以价格竞争为主，缺乏商品与服务的差异化竞争，导致第三方出现售假行为，有效供给不足。电子商务的先行先试实践与现行法律法规存在冲突，数据产权、平台监管、网络交易安全面临日趋严峻的挑战。具体而言，一是在电子商务平台降低交易费用的同时，进一步加速了价格竞争，抑制了生产领域的供给侧结构性改革与质量提升。从淘宝平台与易贝易趣竞争，到京东商城与苏宁易购价格战，再到拼多多入局，以及如今的直播电商，全网最低价成为主要的竞争手段，价格竞争的结果直接扼杀了产品差异化竞争，导致生产领域缺乏产品差异化所需的利润空间，价格竞争导致厂商成本缩减，进一步加剧了假冒伪劣产品的盛行。二是数据产权归属与数据滥用问题凸显，数据滥用与恶意差评是零售渠道整合过程中普遍存在的渠道冲突现象，长期存在于零售商与消费者之间。数据滥用与恶意差评是交易后信息不对称带来的道德风险问题，不同之处在于，数字滥用是消费者为信息弱势方，其个人特征信息可能处于被滥用的状态，而自己却不知情，最终由于信息滥用，消费者利益受到损害。而恶意差评恰恰相反，消费者为信息优势方，由于消费者对消费体验的理解不同，可能存在恶意差评，部分消费者通过恶意差评获得额外收益。数据滥用与恶意差评存在的根本原因是交易后隐藏行为问题，由于零售商与消费者交易后的行为是无法观测的，其机会主义行为的可能性增加。数据滥用的案例在零售领域屡见不鲜，典型案例是"大数据杀熟"与数据转售。数据滥用的规制主要依靠法律，立法的基础是使消费者获得相应权利，即消费者与零售商信息共享。以欧盟《通用数据保护条例》与日本《个人信息保护法（修订版）》为例，其普遍规定消费者拥有数据的查阅权、被遗忘权、限制处理权、数据移植权。在数据的具体使用上，消费者可以与零售商信息共享，消费者作为数据拥有者，通过信息共享起到了监督零售商使用数据的作用，从根本上遏制了数据滥用现象。三是平台垄断与不正当竞争。平台掌握的大量客户信息为平台带来了持续高收益，其在向线下转移的过程中通过前期的掠夺式定价，将竞争对手驱除市场，获得持续的高收益，同时利用平台的垄断地位实行"二选一"的排他性协议，进一步限制了正常的竞争。

我国流通领域虽然存在诸多问题，但浙江省、广东省等发达省份先试先行的典型实践已经证明了率先进行流通革命的重要意义。如表 1-1 所示，2019 年广东省连锁零售企业总店数 305 个，排名第一；浙江省连锁零售企业总店数 213 个，排名第二。如表 1-2 所示，2019 年浙江省亿元以上商品交易市场 668 个，排名第一；广东省亿元以上商品交易市场 286 个，排名第五。从电子商务平台看,浙江省孵化出阿里巴巴集团,广东省孵化出唯品会(中国)有限公司。改革开放40余年来,市场经济的核心是以流通体制改革为核心,广东、浙江尤为突出,广东、浙江的经济发展在很大程度上得益于在流通环节的先试先行、超前布局。20世纪70年代末,浙江省开始在全国率先开展流通体制改革,在国有商业体系占主导的框架内率先实行经营、价格、用工、分配"四放开"改革。浙江省的流通体制改革早在20世纪70年代末就已领先全国,在农村经济体制改革快速发展的同时,积极促进工业品由原来的统购包销形式向商业部门选购、工业部门自销的多种流通形式过渡。浙江省委省政府前瞻性地制定实施流通环节政策文件,推动专业市场发展,涌现出义乌小商品市场、四季青服装市场、海宁皮革城等一批辐射全球、具有定价优势的专业批发市场。得益于专业批发市场的发展,阿里巴巴集团抓住浙江批发市场转型升级的契机,将批发市场与供应链搬到线上,继续巩固浙江市场大省的名号。广东是中国改革开放的前沿阵地,也是流通体制改革最早的省份,改革开放初期,其"小政府、大市场"的理念广为人知,在良好的市场环境下,孵化出一批服装、家居、五金、中药材市场,为中小企业发展与产业链构建提供了市场支撑。进入21世纪,广东省积极发展电子市场,涌现出华强北电子市场、赛格电子市场等一批国内外具有影响力的市场,广东省电子信息领域的境内外上市企业已经超过400家,充分反映出流通环节对经济高质量发展的基础性作用。

表1-1 全国部分地区连锁零售企业总店数　　　　　　单位:个

省份＼年份	2019	2018	2017	2016	2015
北京市	189	180	162	156	152
天津市	31	32	36	37	37
河北省	121	117	108	85	84
山西省	60	63	61	60	60

续表

年份 省份	2019	2018	2017	2016	2015
内蒙古自治区	17	18	20	18	18
辽宁省	99	99	92	92	94
吉林省	28	28	33	26	25
黑龙江省	33	33	36	36	36
上海市	137	136	104	107	97
江苏省	177	191	186	172	168
浙江省	213	221	222	223	227
安徽省	70	75	64	68	72
福建省	179	181	188	148	142
江西省	75	75	81	84	87
山东省	181	168	167	149	151
河南省	108	117	124	127	135
湖北省	141	144	144	131	133
湖南省	106	121	123	129	113
广东省	305	309	308	302	299
广西壮族自治区	81	85	82	67	62
海南省	5	5	6	6	6
重庆市	67	79	88	98	94
四川省	159	146	135	128	125
贵州省	29	29	29	29	27
云南省	27	32	36	40	41
西藏自治区	3	3	1	1	1
陕西省	77	71	69	61	61
甘肃省	23	18	16	16	16
青海省	9	10	10	10	10
宁夏回族自治区	49	53	48	25	22
新疆维吾尔自治区	98	95	92	95	95

表 1-2　全国部分地区亿元以上商品交易市场数　　　单位：个

年份 省份	2019	2018	2017	2016	2015
北京市	86	94	114	136	125
天津市	42	43	44	55	56
河北省	190	200	217	225	236
山西省	30	31	32	32	36
内蒙古自治区	50	55	69	70	73
辽宁省	155	174	200	200	206
吉林省	46	46	53	56	57
黑龙江省	56	61	78	81	82
上海市	118	127	134	150	155
江苏省	447	469	487	501	513
浙江省	668	703	725	756	751
安徽省	111	124	129	131	136
福建省	109	114	118	125	135
江西省	109	105	97	101	93
山东省	371	418	498	554	595
河南省	128	138	154	144	151
湖北省	117	129	143	151	157
湖南省	303	309	326	327	328
广东省	286	303	317	336	336
广西壮族自治区	67	78	86	95	91
海南省	8	4	5	5	7
重庆市	135	141	146	151	153
四川省	109	112	127	132	134
贵州省	54	58	54	58	60
云南省	29	32	37	47	49
西藏自治区	3	3	3	3	—
陕西省	51	55	51	51	54
甘肃省	27	27	27	41	40
青海省	9	9	9	9	9

年份 省份	2019	2018	2017	2016	2015
宁夏回族自治区	35	37	37	40	36
新疆维吾尔自治区	88	97	100	98	98

　　新古典经济学是在无摩擦的理想化世界中构建其理论基础的，但现实中供求均衡的实现具有时空、信息等限制，对流通理论的研究实际上是中国市场经济实践带来的理论贡献，流通在一定程度上就是市场的微观机制，流通的真正作用是资源配置作用。市场配置资源指的是在经济运行过程中，市场机制根据市场需求与供给的变动引起价格变动，从而对资源进行分配、组合、再分配、再组合的过程，市场配置资源的方式主要通过价格、供求、竞争等途径进行。价值规律就像一只"看不见的手"，实现资源配置的高效。我们经常说市场经济，市场是供求关系实现的基础，传统西方经济为了趋向数理化，抽象掉了市场，市场经济无市场，流通体系的实质是回归市场，即流通体系＝市场，那么讨论流通体系绝不能再回归环节论。由于经济体系不可能分为标准的社会再生产四环节，因此流通体系应回归平台论，即底层基础。从宏观看，其是生产消费的底层平台或中间层平台，其下层拥有物流、信息流、人员流、平台或服务体系支撑。那么，问题回归到流通效率，流通效率的高低主要取决于交易费用的高低，借助交易费用理论，将其扩大到流通费用，不仅制度可以降低流通费用，技术同样可以降低流通费用。如果回归到马克思主义经济学的流通组织理论，现阶段的主要问题又要回归到阶段论、劳动价值论，在讨论其相互作用和价值决定方面纠结不利于问题的解决，流通体系研究的贡献在于为市场提供了微观基础。因此，本书从流通体系是市场微观基础的角度，探讨了流通体系对经济高质量发展的作用机制，通过机制细化，找出实现流通体系作用于经济高质量发展的路径，并对制约路径实现的关键问题进行挖掘，进而发挥流通体系的基础性、先导性作用，实现经济高质量发展的动力变革。

第二节 研究目的和意义

一、研究目的

流通体系对经济增长的作用在西方经济学中只是停留在降低交易费用的框架内，制度经济学认为制度可以降低交易环节的交易成本，因此，国内以制度经济学为理论基础，通过流通体制改革，降低全社会交易费用，进而作用于经济增长。马克思主义经济学将流通置于社会再生产过程，其作用的发挥在于生产与流通的中介效率。流通体系对经济增长的研究主要采取主观阐释的方法，缺乏统一的研究框架，导致理论机制稍显粗略、狭义与碎片化。本书针对现有理论机制的组织与建构，组构出学术思想内涵更广、学术观点更细腻、理论形式更主流的统一理论框架。因此，本书需要在广义视角与统一理论框架下，从流通体系的角度，重新考察流通体系对经济高质量发展的理论机制，对现有理论进行深化、广化与形式化等，进而对其进行组织、完善与构建。深度梳理作用机制路径，系统说明流通体系的基础性、先导性来源，具体说明流通体系是如何作用于质量变革、效率变革和动力变革的。

二、研究意义

本书的理论意义在于构建流通体系作用于经济高质量发展的机制，通过机制模型构建与实证检验，回答"为什么流通体系是市场的微观机制""流通效率与生产效率同等重要""流通体系构建是经济高质量发展的新动力"等命题。本书通过组构马克思主义经济学和西方经济学理论，构建统一的理论框架，梳理流通体系作用于经济高质量发展的微观机制，其实质是通过马克思主义经济学补充西方经济学关于市场微观机制的缺陷。

本书的现实意义在于为商务部门降本增效、流通体系构建提供直接的理论来源。通过流通体系作用于经济高质量发展机制的细化，寻找流通体系作用于高质量发展的路径，通过多路径的规范分析与实证检验，寻找制约流通体系发挥作用的关键瓶颈，通过解决关键瓶颈为商务部门降本增效、流通体系构建提供直接策略，进而实现经济高质量发展。

第三节　国内外研究现状

本书围绕流通体系作用于经济高质量发展机制进行系统的文献梳理，研究发现，国外关于流通体系作用于经济高质量发展的文献较少，国内文献主要集中于流通体系对经济增长的作用领域，缺乏流通体系与经济高质量发展的互动机制研究。

一、国外研究现状

因主流经济学淡化了流通问题，故国外微观、宏观层次的流通研究基本缺失。国外关于流通环节的经济学研究，主要成果来源于马克思主义经济学和西方经济学关于流通问题的研究，散见于经济理论与方法演进的各阶段。关于交换与分工的研究，古典经济学认为，交换是分工的前提和基础，为流通理论的研究奠定了最早的经济学框架。古典经济学奠定了早期的贸易理论，但总体而言，其抽象掉了交换的过程。新古典经济学假设供给与需求直接见面，即抽象掉了流通过程，其基本假设是交易费用为零，导致新古典经济学淡化了流通问题的研究。新制度经济学在新古典经济学的框架内对其进行了修正，其认为，交易费用是普遍存在的，间接承认了流通环节实际存在。而且新制度经济学认为，产权与机制设计可以降低交易费用，为流通问题研究提出了新的解释框架。在新制度经济学的基础上，新兴古典经济学正面研究了流通与商业问题，其仍以交易费用为主要解释变量，认为交易费用决定了分工的水平和贸易的规模，并利用超边际分析方法证明了上述因果关系。因此，新兴古典经济学不仅为流通问题研究提供了全新的范式，还提供了超边际分析方法。

因为新古典经济学抽象掉了流通环节，所以，国外关于流通体系与经济高质量发展互动机制领域的研究也基本缺失。在西方主流经济学发展史中，新制度经济学关注了流通问题，从科斯开始，新制度经济学派以交易环节为主要研究对象，科斯在《企业的性质》一文中指出，企业的产生是交易费用与管理协调成本权衡的结果，第一次提出了交易费用的概念，但恰恰是一个"次要"的解释变量（概念）奠定了新制度经济学的研究框架，制度的优劣主要通过交易费用来衡量，制度设计的结果是节约交易费用。交易费用最早由科斯在1937年发表的《企业的性质》一文中提出，主要是指经济主体之间交换经济资源所有权产生的成本，包括搜索成本、谈判成本和履约成本等。科斯关于交易费用的界定，在后续的研究中形成了狭义和广义的差别，狭义的交易费用主要是指为了促成交易所形成的费用；广义的交易费用泛指一切发生在交易环节的费用，主要包括交易前的谈判成本、产权界定成本、交易中的契约成本，以及交易后的监督管理成本和制度结构变迁成本。从人与物的角度更容易理解交易费用。具体到交易环节，存在人与人、人与物打交道的成本，人与物打交道的成本主要是实际发生的会计成本，如物流成本，是不包括在交易费用内的；人与人打交道所构成的成本，恰恰是交易费用的范畴，主要是为了防止受到他人损害，为了保护自身利益所消耗的成本。随着分工深度与广度的提升，交易费用在交易环节的成本比例越高，越具有交易费用的属性（韩建新，2000）。而且，新制度经济学给出了降低交易费用的途径，即通过制度（机制）设计降低交易费用，我国流通体制改革的核心就是以新制度经济学为理论支撑的。但从上述分析发现，除了交易费用，流通环节还存在人与物质世界打交道时发生的成本，这种成本的核心是物流成本，即商品时空属性发生变化带来的成本。

新制度经济学主要的研究对象是交易环节，其在新古典经济学的基础上进行了假设修正，认为生产与需求之间存在交易环节，交易环节的成本定义为交易费用，同时，其隐含了信息不对称的假设。新制度经济学区别于制度经济学派的开端是科斯的《企业的性质》的发表，科斯认为，既然企业广泛存在，必然有存在的经济学规律，其认为交易费用与管理协调费用的权衡是企业产生的根本原因。当交易费用高于管理协调费用时，企业组织替代市场组织配置资源；反之亦然。科斯在《企业的性质》一文中重点说明了企业的产生，为了说明企业的产生，其提出了交易费用这个解释变量，恰恰是这个解释变量，奠定了新制度经济学派研究的基础。在如何降低交易费用方面，新制度经济学派普遍认为，制度是降低交易费用的有效方式。张五常（1985）认为，不同制度的存在是因为有不同交易费用的存在。新制度经济学派将新古典经济学拉回了现实，承认交易费用的客观存在，并认为在产权设定和机制设计方面可以有效降低交易费用，但是在这其中，在一个国家或地区的某一次交易中，对交易费用进行测度是不可能的，这导致除了提出制度功能之外，并不能有效分解交易费用，阻碍了进一步降低交易费用的可能。新兴古典经济学实质上证明了交易费用的存在，并且通过超边际分析方法，从数学的角度证明了交易费用改进可以有效增加贸易量，促进分工深化和资源配置优化。

杨小凯和张永生（2001）认为，在资源约束与专业化水平限制下，交易效率直接决定着收入水平（效用函数表示），进而影响产权安排和社会分工，甚至经济的增长。显然，与马克思主义经济学相比，杨小凯和张永生关于交易效率与分工的研究主要立足于微观，既可以说明单个供给与需求的协调关系，（对于单个生产而言，其意味着要素供给与需求是一个关于规模经济和中间产品种类数量增加之间的两难冲突，其直接来源于一个规模经济和多样化消费之间的两难冲突），又可指全社会范围内不同生产单位的不同经济主体之间的协作关系（对于单个需求而言，其意味着商品的供给与需求是一个规模经济和多样化消费之间的两难冲突）。杨小凯和张永生从基础上打破了微观分工与社会分工的界限，其认为社会分工是在契约安排下微观分工、自发协调、自由拓展的结果。杨小凯和张永生的模型的前提基础具有自由决策的特点，单个个体的决策将导致供求均衡。交易效率及其影响因素（包括初始产权条件、初始分工特点、初始国民经济运行态势等）之间的内在关联应该更明确，交易效率对效用函数乃至约束条件系列的影响也应更具有一般性。交易效率的提高将使分工的网络拓扑性质被利用，这里所说的网络拓扑性质是指交易主体相互连接、相互作用形成的结果，这与网络组织理论的网络外部性概念极其相似，这也在一定程度上说明了杨小凯和张永生的理论的当代价值。

杨小凯和张永生将流通研究向前推向了分工环节，其基本前提与假设更加契合现实流通环节。在杨小凯的内生贸易模型中，消费者偏好个性化、多样化，专业化分工（生产）提高生产效率，但随着消费者多样化需求越来越明显，专业化分工逐渐细化，交易频率显著增加，这就产生了两难境地，专业化分工—劳动生产率提高—交易费用增加。专业化分工与交易费用增加的结果，将产生社会最优分工水平，这种分工水平以内生比较利益为基础。新兴古典经济学回归了古典经济学的分工理论，当分工广泛存在时，就会通过分工内生地获得高的生产率。因此，内生贸易理论的核心命题是：随着交易效率不断提升，交易费用不断下降，劳动分工将发生深刻变化，经济增长、贸易发展与市场结构演变都是分工的结果。随着分工水平的深化，经济主体的专业化水平、劳动生产率、贸易依存度、商业化程度、内生比较利益、市场一体化、经济结构多样性、贸易种类、市场个数多有增加，自然经济逐渐消失，经济决策的核心为分工和提高交易效率。

内生比较优势模型引入了交易效率比较优势概念，具体指各个国家和地区的各种产品交易效率相对比值的差别。通过交易效率与交易费用的引入，杨小凯解释了一般均衡会逐渐从自给自足到不完全分工再到完全分工演化，资源的配置效率不断提高。同时，杨小凯利用超边际分析方法，实证了交易费用与交易效率的作用机制，使得可以充分利用交易效率、交易费用的关系等概念来讨论贸易问题。内生比较利益来源于交易效率的不断提高，流通的核心作用是提高交易效率，同时分享内生比较利益。交易效率改进对一般均衡分工网络规模有正面影响，交易效率的改进能使更多分工网络效应被利用。对应于新兴古典经济学，流通革命的核心是提高流通效率，降低流通费用，因此，分工规模扩大，流通效率改进，使更多分工网络效用被利用。但相对遗憾的是，新兴古典经济学只是从理论上证明了交易费用的作用，没有对交易费用进行具象化，因此，就没能回归到流通组织的研究。

真正完整阐述流通体系地位与作用的是马克思主义流通理论，马克思主义流通理论从宏观层面系统地阐述了流通环节的地位与作用。马克思主义流通理论主要集中于《资本论》部分，其通过社会再生产四环节的相互作用，从总体上说明了流通的地位与作用，阐述了流通的一般规律。通过流通时间与流通费用的介绍，说明经济系统中流通环节的普遍存在。通过商品流通与资本流通的阐释，介绍了资本增值的过程，以及商人的具体作用。通过流通危机性的描述，说明了为什么资本主义一定会出现生产过剩的危机。马克思主义流通理论关于流通过程、流通时间、流通费用、商品流通、资本流通、流通危机性的全面阐释，通过高度归纳，总结了商品流通的一般规律，奠定了商品流通理论研究的基础。国内商品流通理论的研究主要沿袭了马克思主义经济学的理论范式。

马克思主义流通理论奠定了流通研究的基础，这是无可争议的，但其也存在天然的时代局限，主要表现在四个方面：一是社会再生产理论限定了流通（交换）环节的作用，忽略了除商品流通之外存在大范围的要素流通，即为了实现社会再生产所必需的资本、劳动力、信息、土地等。要素流通也完全遵循流通理论的基本规律，要素流通也是实体要素流通与虚拟要素流通的统一，实体要素流通过程也体现了要素供求双方一系列博弈关系的总和。

要素流通和商品流通的总和构成了流通的总体研究对象，形成了新古典经济学的微观基础。二是对剩余价值的过多关注，忽略对社会关系的更多研究，其实马克思主义经济学最大的核心是对虚拟社会关系的研究，实体流通的过程其实在虚拟空间——映射形成了社会关系的沉淀，这种社会关系的正常运转和沉淀挖掘为下一次实体流通提供了先导作用。大数据技术为什么会在流通领域率先普遍地成功应用，其核心就是流通在沉淀生产、消费信息领域具有其他领域无法比拟的作用。我们国家将流通产业界定为基础性、先导性产业，基础性其实对应于实体流通部分，在自然科学领域指建筑底部与地基接触的承重构件，既然承认了基础性就应该放弃马克思主义流通理论的环节论，其实流通是生产与消费的底层基础，是新古典经济学市场的具体化与回归，其基础是否牢固，决定了社会效率的高低，基础不牢，地动山摇。先导性引领、指导位于前面的事物，如思想理论是社会变革的先导。虚拟流通部分具体体现了先导性，其对下一次实体流通提供了引导与指导，便于下一次实体流通的改进与迭代。三是将实体与虚拟的人为割裂，马克思主义经济学关注了二重性问题，其指出了具体劳动和抽象劳动的统一，以及使用价值和价值的统一。但在马克思主义中国化过程中，没有继承马克思主义二重性研究，没有将流通领域划分为具体和抽象，而是仍然延续着具体劳动（或者实体劳动）部分的划分，忽略了抽象劳动的作用，如部分划分中商品流通业的劳动经济职能兼具生产性劳动和媒介性劳动的二重性，媒介性劳动的核心是抽象劳动，是具体劳动的虚拟空间映射，只有这样，才能为发挥流通业的基础性和先导性的产业功能提供理论依据。四是马克思主义流通理论缺乏自然科学基础，马克思主义流通理论是通过高度的归纳推理得出的结果，由于缺乏自然科学基础，导致缺乏相应的实证方法对其归纳推理的相关理论进行验证，这也是国内流通理论研究被排除在主流之外的关键原因。

二、国内研究现状

国内关于流通问题的研究大致是在引进马克思主义流通理论与西方经

济学流通理论的基础上开始的。著名经济学家孙冶方对流通理论的形成做出了突出贡献，其开创性地提出了"流通一般"概念，并以价值分析奠定了早期流通现象的分析框架，在此基础上，国内学者开始了流通理论的探索与研究。中国特色流通理论真正大范围的研究开始于1961年的香山会议。根据赵效民（1985）的回忆，参会学者普遍认为，马克思主义流通理论关于流通过程的研究框架导致流通研究离散化，而西方经济学与社会主义政治经济学也无法全面地解释现实流通现象，因而，提出开展社会主义流通理论研究的倡议，这实际是中国特色流通理论研究的开始。随着改革开放的深入，诸多学者开始关注普遍存在的流通现象，尝试建立流通理论解释流通现象（郭道夫，1987；时珍和韦奇，1986；林甫生，1994）。其后，国内流通问题的研究主要以马克思主义流通经济学的引入与再认识为主（夏春玉，1998；晏维龙，2003；黄国雄，2005；纪宝成，2017；王晓东和谢莉娟，2020）。部分学者尝试引入西方经济学流通理论。中西正雄和吴小丁（2006）系统翻译了日本流通理论的相关前沿成果。何大安（2004）将产业组织理论系统引入了流通产业研究。总体而言，中国流通问题的研究是在引进、改造马克思主义流通理论与西方流通理论的基础上，不断形成中国特色社会主义流通理论。

国内关于商品流通理论的研究普遍立足于宏观经济学（纪宝成，2017），缺乏从微观角度分析具体的单个供求过程及其机制的研究。从社会再生产的四阶段看，流通是生产的先导（姜绍周，1992）。之后，刘国光（1999）进一步确认了在社会主义市场经济中，流通产业已经由末端产业上升为先导产业。其后在《国家内贸局出台八项措施　发挥流通先导作用　大力支持西部开发》文件中使用了商品流通先导作用的表述。于是，国内学者普遍论证了商品流通的先导作用（张利萍和邸敏学，2002；郭国荣，2003；冉净斐，2004；洪涛和彭化，2004；吴宪和，2006；谭向勇，2007；高铁生，2011）。在此过程中，江西财经大学廖进球教授指导的博士研究生李细建直接以"流通先导问题研究"为题，完成了博士论文，系统地研究了流通的形成与发展过程，论述了流通的先导作用。在此期间，黄国雄教授进一步提出了流通基础产业论（黄国雄，2003）。在此基础上，国内学者继续论证了流通产业的基础性作用（韩耀、晏维龙、杨俊涛，2009；丁俊发，2013）。2012 年 8 月 3 日，国务院发布了《关于深化流通体制改革加快流通产业发展的意见》，首次创新性地提出了流通产业的先导性、基础性地位，这一论述首次肯定了流通产业的地位与作用。

2020 年 9 月 9 日，习近平总书记主持召开中央财经委员会第八次会议，研究畅通国民经济循环和现代流通体系建设问题，并创造性地提出了流通效率与生产效率同等重要的基本论断，在国内掀起了畅通国民经济循环与现代商品流通体系建设的研究。国内权威学者系统论述了在国内国际双循环相互促进的新发展格局下，现代流通体系建设的作用，以及统筹现代流通体系建设的路径（荆林波，2021；文启湘，2021；陈文玲，2021；祝合良和王春娟，2021；洪涛，2020；丁俊发，2020；王先庆，2020；王晓东、陈梁、武子歆，2020；依绍华，2020；纪良纲和王佳溟，2020）。中国社会科学院、中国人民大学等流通领域的权威研究机构召开了多次专题会议，探讨构建"双循环"新发展格局和建设现代流通体系的问题，姜增伟、房爱卿等原国内主管内贸流通领域的领导也参加了会议，从学者角度提出了统筹现代商品流通体系建设的思路与路径。

三、研究述评

从国内外研究的学术史来看，国外关于流通问题的研究主要集中在新制度经济学派和新兴古典经济学派框架下，新制度经济学肯定了流通环节的存在，流通环节产生交易费用，此时的交易费用主要是指人与人交易产生的成本，而不包括人与物打交道产生的成本，因此，新制度经济学派所指的交易费用只是流通环节成本的一部分。关于如何降低交易费用，新制度经济学派认为，制度是规避交易费用的有效手段。新兴古典经济学将贸易环节纳入分工框架，通过超边际分析方法，证明交易费用决定分工水平。国内关于流通理论的研究主要立足于宏观视角，通过社会再生产的四阶段的相关关系来说明流通对生产与消费的作用。部分学者尝试从微观角度探析流通的微观作用，但只是零星的介绍，缺乏系统的研究逻辑与框架，尤其在消费者行为发生变革后，没能说明个性化、定制化背景下流通的作用。

本书的边际贡献在于从微观视角说明流通促进经济高质量发展的机制。流通过程受到两种力量的推动，创造了两种经济空间——建设性经济空间和破坏性经济空间。从市场本身出发，认为流通环节是市场机制的外在表现和实体基础，流通环节为生产与消费的双向匹配提供了经济空间，是商品（服务）价值实现所必需的过程，其创造了建设性经济空间；由于竞争策略的存在，在商品（服务）价值实现过程中，存在非必要的、损害经济福利或降低市场资源配置效率的一系列经济活动，其构成了破坏性经济空间。此时，流通费用包括人与物打交道的实体流通费用和人与人打交道的交易费用。长期以来，中国经济发展注重生产效率，忽略了流通效率，在习近平总书记指出流通效率和生产效率同等重要后，才认识到中国真正的问题在于流通环节。改革开放后，我国提出了市场经济改革，市场经济改革的核心长期围绕价格竞争展开，这是产品同质化以及在此基础上的新古典经济学主导的结果。但是，我国长期忽略价格竞争产生的基础，即市场体系或流通过程建设。在个性化需求与定制化供给的背景下，传统的流通过程对经济的制约越发明显。因此，中国需要真正开启流通革命，使流通过程真正匹配现有的生产与消费。

本书的主要目的是将流通过程的典型实践上升为一般规律，通过归纳推理，说明流通过程作用于经济高质量发展的微观机制，并通过实证检验与案例检验，说明微观机制的客观性与可行性，以此回应流通效率与生产效率同等重要的经典论述。

第四节　研究思路与基本框架

一、研究思路

本书严格按照"研究问题—研究基础—理论模型—实证检验—研究结论"的研究思路展开（见图1-2），通过对研究背景进行梳理，尤其是对中国生产与消费变革背景进行分析，提出"流通过程作用于经济高质量发展的微观机制"的研究问题。在此基础上对研究对象进行文献梳理，对马克思主义经济学、古典经济学、新制度经济学、新兴古典经济学中的流通理论进行系统梳理，并对其逻辑关系进行说明。对国内学者关于流通研究的宏观理论与微观理论进行研究，明确本书的边际贡献。

本书从微观视角分析流通在供给与需求过程中的微观作用机制，这里的供给与需求不仅包括商品（服务）的生产与消费，还包括生产要素的供给与需求，将流通外延到交易环节，这与古典经济学、新古典经济学、新兴古典经济学的研究对象是契合的。流通的具体作用在于为供求创设经济空间，是市场（双边市场）机制的人格化和具体化，其具有建设经济空间的作用，同时，由于市场主体的策略性选择，还具有破坏性经济空间的作用，两者构成了人与物打交道的实体成本以及人与人打交道的交易费用，继而共同构成了流通费用。流通环节通过率先数字化转型，在流通的全过程中实现了信息完全透明，提高了生产与消费的双向匹配效率。流通环节通过质量变革、效率变革和动力变革，真正实现了经济的高质量发展。通过理论模式，回答了生产效率与流通效率同等重要的命题。

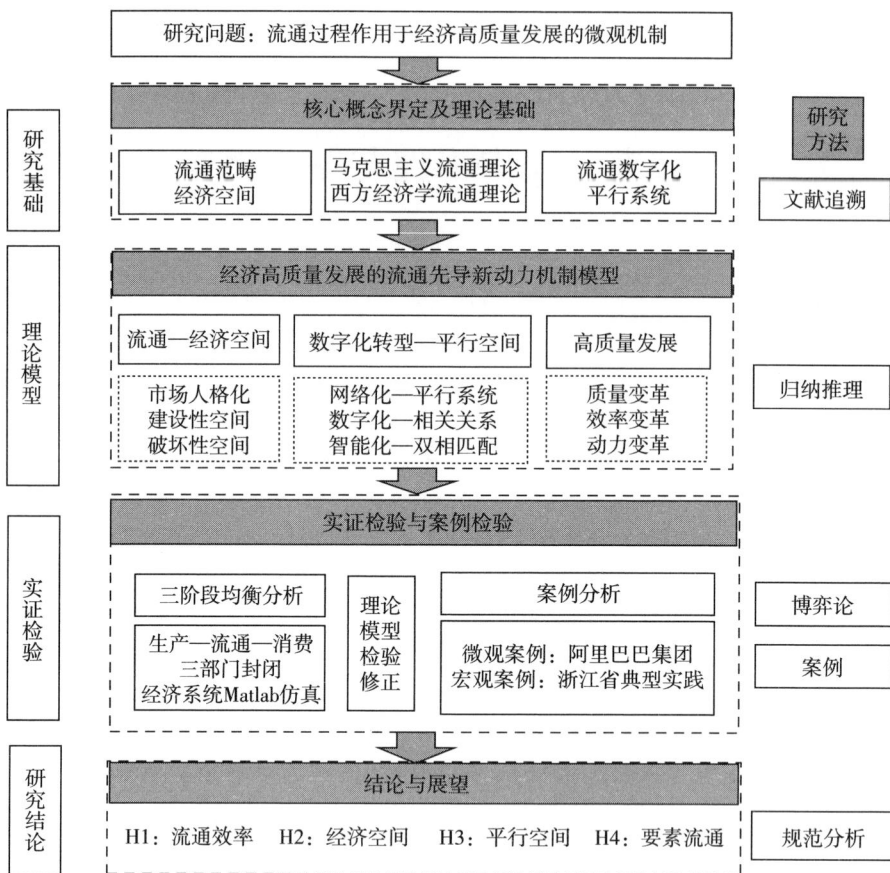

图 1-2 本书的技术路线

通过现实经济交易的抽象，构建包含生产、流通、消费的三部门封闭经济系统，分析其均衡状态，同时，通过建设性经济空间、破坏性经济空间、数字经济空间相关参数变化对均衡状态以及各部门投入、产出的影响进行分析，进一步验证流通作用于经济高质量发展理论模型的客观性。以阿里巴巴和浙江省典型实践为案例，通过方法选择、数据收集和案例分析，验证理论模型的科学性与适用性，并根据案例研究结论对理论模型进行修正。最终对研究结论进行总结，并对未来进一步的研究进行展望。

二、基本框架

第一章：介绍本书的研究背景，同时对国内外学术史进行系统梳理，介绍各学派关于流通理论的基本观点与研究方法，提出流通过程作用于经济高质量发展的微观机制。

第二章：对本书涉及的关键概念进行界定，对所涉及的流通外延进行界定，并说明其经济学依据；对本书所涉及的高质量发展进行外延界定，明确高质量发展的基本内涵；重点对马克思主义流通理论、西方经济学流通理论等经典理论进行系统阐述，并说明其在本书中的应用。

第三章：构建流通环节作用于经济高质量发展的微观机制模型，并对以往研究中的不足进行系统说明。

第四章：通过现实经济交易的抽象，构建包含生产、流通、消费的三部门封闭经济系统，分析其均衡状态，同时，通过建设性经济空间、破坏性经济空间、数字经济空间相关参数变化对均衡状态以及各部门投入、产出的影响进行分析，进一步验证流通作用于经济高质量发展理论模型的客观性。

第五章：以阿里巴巴集团和浙江省典型实践为案例，通过方法选择、数据收集和案例分析，验证理论模型的科学性与适用性，并根据案例研究结论对理论模型进行修正。

第六章：对研究结论进行总结，并对未来进一步的研究进行展望。

第五节 研究方法

（1）归纳推理。通过流通领域多年跟踪研究典型企业实践与平台实践，将共性作用机制上升为一般规律，形成流通环节作用于经济高质量发展的微观机制。

（2）封闭经济系统模型与静态分析。通过构建生产—流通—消费三部门封闭经济系统数理模型，借助比较静态分析，分析了流通环节作用于经济空间内生产、交易消费、外部性的机制。运用比较静态分析方法，改变某一参数，通过新均衡状态与原均衡状态的比较，分析某项因素的变化对均衡所产生的影响。由于新旧均衡状态比较的复杂性，通过解析式的直观比较相对困难。通过运用 Matlab 软件，根据实践数据与前期研究成果数据，对相关参数进行赋值，可以直观比较均衡解的大小，直观展现新旧均衡的动态变化，使实证过程获得较好的可视化体现。

（3）案例分析。拟通过对阿里巴巴集团与浙江省的案例进行对比分析，通过方法选择、数据收集和案例分析，验证作用机制的科学性与适用性，并根据案例研究结论对作用机制进行修正。

第六节　创新点

本书主要创新如下：

（1）从微观视角分析单个供给与需求双向匹配过程中的流通经济行为，在此基础上，研究流通环节在市场机制运行及经济资源配置中的作用。由于宏观是微观加总的结果，现阶段个体经济行为的异质性与交互性，其宏观加总失去了数学基础与经济意义，所以，微观研究成为西方经济学前沿研究的普遍趋势。

（2）细化了信息通用技术在流通变革过程中的作用机制，这也说明了为什么中国在全球率先开展数字流通变革，进一步明确了流通变革—数字化转型—高质量发展的基本作用机制。

（3）流通环节作用于经济高质量发展的核心是信息通用技术作用于流通过程，通过物理空间的数据沉淀形成数据要素，数据要素不仅可以实现自身增值，还可以实现其他资源的增值，即数据要素内生化的过程。通过数据要素内生化，实现生产变革、消费者变革，同时实现交易效率提升，增强网络外部性与交叉网络外部性，最终实现经济高质量发展。从理论模型来看，如何发挥流通的先导性与基础性作用，其核心在于经济空间的创建，即不断完善物理空间，同时加速物理空间的数字化变革，通过数字空间持续优化物理空间，逐渐实现物理空间与数字空间的交互迭代，最终实现流通效率变革。

第二章

概念界定与理论基础

第一节 流通概述

对流通问题的研究，应从内涵和外延上对流通予以明确的界定，这是研究其作用于经济高质量发展的基本前提。对流通概念的理解主要有三种观点：一是环节论，指批发、零售这些流通环节；二是过程论，从生产到消费的流通过程；三是循环论，从生产到消费再到生产的循环过程。这三种观点直到现在也没有统一，有的学者坚持环节论，有的坚持过程论，也有的主张循环论。对于流通概念的理解，应该进一步深入研究探讨，概念明确统一是体系构建的基本前提，否则，体系很难构建，规划制定也会很难。

一、流通的概念

（1）流通界定。马克思在《资本论》中对"商品流通"进行了定义："每个商品的形态变化系列所形成的循环，同其他商品的循环不可分割地交错在一起，这全部过程就表现为商品流通。"马克思对流通的界定为，流通是以货币为媒介的交换行为，是一系列交换行为相互关联、不可分割形成的循环。马克思对流通概念界定的核心是形态变化的循环，其后，日本学者普遍采取马克思对流通的定义。石原武政和加藤司等学者普遍认为，流通是商品交换所形成的循环，这种循环体现了商品所有者的相互关系。虽然在概念界定上，其采取了马克思"循环"的本意，但从具体研究内容看，差别较大。马克思对商品流通循环的研究是为了对资本流通做铺垫，揭示资本流通过程中剩余价值的产生与占有。日本学者则关注商品流通的组织、渠道等具体运行。由此可见，马克思商品流通概念的界定是其研究资本流通的前提假设，商品流通是自然实现的，是对商品流通的高度抽象，其结果是简化掉了流通组织。正如马克思所说的，在分析资本流通过程时，我们假设没有商人参与，因为商人参与会把剥削关系与剩余价值掩盖起来。在马克思关于流通的定义中，核心是商品流通公式 W—G—W，商品流通要经历两次形态变化，即从商品形态变化为货币形态（对商品生产者至关重要的"惊险一跳"），再从货币形态变化为新的商品形态。马克思定义的商品流通的实质是上述两种形态的循环，对应着广义的流通，即英文"circulation"；而上述从商品形态变化为货币形态的"惊险一跳"，对应着狭义的流通，即英文"distribution"。国内关于商品流通的定义，正是基于马克思关于形态变化循环的假设，与马克思的定义不同，国内往往将商品流通定义为狭义流通。

国内关于商品流通的定义开始于孙冶方关于流通一般的定义①，其提出的背景是诸多经济学者认为社会主义是不存在商品流通的，商品流通是资本主义产物。孙冶方认为，商品流通是从生产领域进入消费领域的全过程，商品交换及其所有者关系构成商品流通，是分工条件下的客观存在。孙冶方认为，只要存在分工与交换，必然存在商品流通，而且分工与交换越广泛，越需要商品流通环节相协调。因此，社会主义必然存在商品流通过程。陈文玲同样认为，流通一般是商品经济的共性现象与规律，是商品从生产领域进入

①　孙冶方. 流通概论［J］. 财贸经济，1981（1）：6-14.

消费领域体现出的人与人、人与物相互关系的总和。由此可见，国内经济学家对流通的定义，始终着眼于商品第一形态的变化（W-G），即狭义的流通。虽然国内学界目前仍然存在广义流通与狭义流通的争论，但在实际的研究过程中，普遍倾向于狭义流通，如徐从才的《流通经济学：过程、组织、政策》，夏春玉等著的《流通概论》，吴小丁主编的《商品流通论》，普遍将研究对象定义为狭义流通。美国、欧洲等西方国家的学者也未涉及资本流通，主要研究对象也趋向于狭义流通。

本书以流通先导为主线，主要研究流通环节对经济高质量发展的作用，即流通与生产、交易和消费的相互关系。因此，本书所指的流通是狭义流通，即商品从生产环节向流通领域转移的具体过程，我们聚焦于商品流通的组织、渠道等具体运行过程，具体围绕商流、物流、信息流、资金流等具体活动，这里的商流主要指商品流通过程中的所有权变换过程。物流对应于商品实体的时空属性变换过程，是商品流通的物质载体。随着信息技术的普遍应用，商品流通过程形成了海量信息，信息流越来越成为配置商流、物流的先导。资金流是商品流通的基础，随着信息技术的应用，资金流越来越具有信息流的特征。

（2）流通的构成要素。流通环境是指商品流通过程所依托的政策、文化、技术、国际、经济环境等，如计划经济、中美贸易摩擦、新冠肺炎疫情等环境，直接影响流通过程。中美贸易摩擦与新冠肺炎疫情导致我们要实现双循环，构建以国内大循环为主体，国内国际双循环相互促进的新发展格局。从短期来看，流通主体只能被动地接受流通环节。但从长期来看，流通主体可以改变、形成新的流通环境。以制度为例，新、旧制度经济学派长期对制度的由来存在分歧，即制度是原因还是结果，但从实际过程来看，由于流通主体的变化，流通制度相应发生改变，如对零售服务平台的强监管制度，由此可见，制度是活动的结果。

流通的主体。流通的主体指能够按照自我意志来从事流通活动的组织或个人，传统意义上主要包括生产厂商、流通组织和消费者。随着分工水平的提高，流通专业化分工水平不断提高，传统流通主体依据价值分解，逐步从内置化组织方式向外包、外化转型，设计、研发、物流、营销、金融、信息等服务逐步外包外化，因此，流通环节除传统生产厂商、流通组织和消费者外，流通主体涵盖的范围逐步扩大。

流通客体。流通客体是商品流通的对象，即流通主体交换的商品与服务。按照商品形态一般可以分为商品、要素与服务。传统商品流通的研究对象是典型商品，但随着分工与交换范围的扩大，服务流通与要素流通所占的比例逐渐提高。服务作为无形的经济物品，其具有典型的无形性、生产与消费的不可分离性、异质性、不可存储性。随着商品多样化、个性化，以及商品更新换代速度的加快，单凭记忆与经验来进行消费决策信息搜集的行为已经难以满足消费者对信息的需求，尤其是随着消费者服务消费的增加。由于服务具有典型的异质性、生产与消费同时进行、无形性等特征，如果没有服务体验过程，不可能借助内部信息完成对服务商品的客观认识。商品与服务自身的性质必然导致消费者信息搜索更多地依赖外部信息搜索。随着网络信息技术的普及与应用，外部信息搜索的介质与渠道极大地提高了信息搜索的效率，商品与服务可以进行在线咨询，可以发起在线群组讨论，可以客观地查询其他消费者的消费体验，消费者信息搜索逐渐由依赖内部信息搜索转向依赖外部信息搜索。服务生产与消费同时进行的属性要求流通环节要为服务流通创设经济空间，从现实来看，流通场所内嵌的服务业态种类逐步增加，不仅仅增加传统的餐饮、娱乐业态，更多的医疗、教育、摄影、健身、书店等业态也内嵌到购物中心与百货商店，零售业态需要为服务的生产与消费直接见面创设经济空间。根据商品形态的差别可以分为商品流通与要素流通，随着消费者个性化、差异化需求的不断提高，消费者需求特征的变革，供应链前端被要求服务与生产环节的要素流通相适应，提供差异化的原材料、人力资本、生产者服务等，因此，要素流通的深度与广度发生了深刻的变化。

流通技术。流通技术是指流通过程中使用的主要技术，纵观流通发展的全过程（见图 2-1），尤其是信息技术，已经成为流通革命的通用技术。历史告诉我们，这种技术进步可能会爆炸式发生，因为引入一项新的核心技术会引发技术创新活动的浪潮。这一观察结论使经济学家们使用通用技术（GPT）这一术语来描述引发技术创新高潮的根本性技术进步，那些技术创新浪潮不断地改变居民生活和流通经营管理方式。通用技术不同于逐步完善的普通技术：通用技术代表着能够永久地改变生产性质和偏好的实际冲击，而普通技术的改进则发生在两项通用技术（电气和信息技术）实现实际应用的间隙。一旦确定了一项新技术的实际应用时间，便可以根据与该技术推广有关的特征来判断该技术是不是一项通用技术。Bresnahan 和 Trajtenberg（1995）提出了一套标准，即一项通用技术应该具有下列三个特征：普及性，通用技术应该可以推广到几乎所有部门；改进性，通用技术应该随着时间推移得到不断的改进，因此，该技术应该不断降低使用者的成本；创新孵化性，通用技术应该更容易发明和生产新产品或新工艺流程。纵观流通变革的历史，信息技术由单点式应用逐步向集中爆炸式应用转变，逐步实现流通革命与流通经营方式变革。

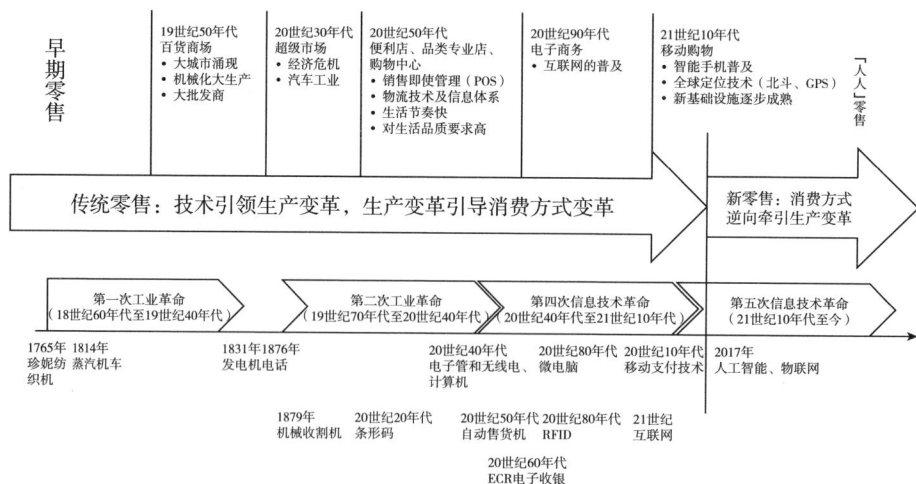

图 2-1　技术的进步与流通变迁

资料来源：阿里研究院《新零售研究报告》。

从信息技术来看，互联网技术、移动互联网技术、物联网技术为流通渠道整合提供了直接渠道来源，信息技术的迅速发展极大地增加了消费者在任何时间、任何地点选择商品与服务的机会（Rangaswamy and van Bruggen，2005）。传统线上渠道得益于互联网技术的发展，而移动互联网技术的应用产生了即时通信、社交网络、视频直播等渠道来源，物联网技术为无人流通渠道的产生提供了即时的数据采集与通信技术。大数据、算法、云计算、人工智能等信息技术在流通领域的应用，为流通渠道细分与差异化匹配提供了可能，通过对商品（服务）与消费者的数据分析与应用，可以实现在线上渠道、线下渠道提供差异化商品，满足不同消费者在不同时空对商品与服务的需要，实现流通渠道的整合目的。同时，大数据、算法、云计算、人工智能等信息技术提供了渠道资源优化配置的可能。基于流通渠道整合，可以实现商流、物流、资金流的动态优化，降低流通渠道整合过程中的时间成本与空间成本。

二、流通的外延

上述内容对流通的概念进行了界定，本书所涉及的流通主要指狭义的流通，即西方文献中的"distribution"，这是基本的前提假设。在流通研究过程中往往存在两种趋势：一种是将流通无限扩大，即等同于市场，那么在实际研究过程中只能进行规范分析，无法将无限扩大的流通外延内化为变量；另一种是将流通范围无限缩小，即商品流通，即作为商品供给与需求的中介环节的流通，忽略了要素流通与服务流通，导致其不能反映流通的全貌和经济规律。因此，本书的流通从主体来看，包括履行商流、物流、信息流、资金流运动的生产厂商、流通组织、物流服务商、信息服务商以及金融机构。从流通客体来看，包括生产要素、商品与服务。从流通环节来看，包括满足生产要素的要素流通，满足商品与服务双向匹配的商品流通。以上外延界定的主要依据在于，从客体来看，以往分析经常忽略要素流通以及服务流通。从产业分类来看，流通产业属于生产者服务业，是服务业的主要构成部分，流通服务的中间需求比例（中间需求比例＝中间需求÷最终需求）高于50%，意味着流通服务主要的服务对象是企业，即流通服务是企业的中间投入，因此，如果只研究商品流通不研究要素流通，就意味着主要的研究对象没有涉及。除上述外，还包括服务流通，服务作为主要产品，虽然其生产与消费同时进行，但随着信息通用技术的应用，服务可贸易性增加，因此，需要流通环节介入。从主体来看，需要将涉及的主体限定在生产厂商、流通组织、物流服务商、信息服务商以及金融机构内。

三、流通的功能

流通功能的概述对梳理流通作用于经济高质量发展机制具有基础作用，关于流通的功能，主流的研究结论如下。美国西北大学克拉克教授从流通的经济作用出发，将流通功能分为三类：一是商流功能，即实现所有权的转移与交换；二是物流功能，即实物的时空属性变化，包括存储、运输和配送等；三是辅助功能，包括风险承担、金融、信息等功能。斯汤德在此基础上将流通功能界定为市场描述、购买动机的评价、产品调整、物品流通、信息传递、交易等。部分经济学家从宏观层面界定了流通的功能。作为现代化经济体系的重要构成之一，流通体系是与供给体系相对的概念，相较于供给体系所承载的价值生产职能，流通体系的关键性差异在于价值实现。在国民经济大循环中，体现为流通体系要以商流为中心，以物流为基础，以信息流为先导，以资金流为支持，持续不断地推动商品由供给侧抵达需求侧，使用价值由此才能成为现实的消费，产品的价值得以最终实现。因此，流通体系不同于供给体系，它是供需匹配和畅通国民经济循环不可逾越的中间阶段，是市场体系的中心枢纽。

本书认为，流通的基本功能是消除经济分离，在新古典经济学中生产与消费可以自动见面，生产与消费的撮合过程无交易费用。对照现实经济活动，生产与消费的经济分离是普遍、客观存在的。这些分离表现为所有权、主体、信息、质量、数量、时间、空间、资金的分离，具体见表2–

1。上述分离使生产厂商与消费者在具体撮合的过程中面临显著的信息不对称与交易费用，因此，单纯依靠生产厂商与消费者是无法弥合上述经济分离的，必须依靠流通环节的商流功能、物流功能、信息功能与辅助功能，消除上述经济分离。

表 2-1　经济分离与流通功能

经济分离/流通功能	商流功能	物流功能	信息功能	辅助功能
所有权分离	√	√	√	
主体的分离	√	√	√	
信息的分离			√	
质量的分离	√		√	
数量的分离	√	√	√	
时间的分离		√	√	
空间的分离		√	√	
资金的分离			√	√

从上述分析可以清晰地看出，由于经济分离的存在，流通主体之间的信息不对称与交易费用普遍存在，对信息功能提出了更高的要求。流通的信息功能要求消除流通主体之间的信息不对称，使流通环节尽可能获得完全信息。现阶段，流通环节大范围地数字化转型升级，其通过网络技术采集流通环节的数据，实现对流通主体与客体的刻画，借助大数据技术的挖掘、整合，通过算法与人工智能，实现流通主体的双向匹配，其实质就是获得流通主体的完全信息，在信息完全的状况下，不断提高生产与消费的最优配置，逐步趋向帕累托最优。

第二节　经济高质量发展概述

一、经济高质量发展的提出

2017年10月18日，习近平总书记在党的十九大报告中首次系统性地提出了高质量发展的表述，指出中国已经由高速增长阶段进入高质量发展阶段，重点指出实现高质量发展的核心在于质量变革、效率变革、动力变革。经济高质量发展的提出是现阶段经济发展要素约束的结果，自改革开放以来，中国经济增长主要依靠要素的投入，以土地、劳动力、资本等有形要素的投入带动中国经济持续增长。通过表2-2可以发现，依托有形要素投入的经济增长模式存在报酬递减的可能，这也是中国经济增长放缓的主要原因。更为关键的是，由于有形要素的限制，以及有形要素使用带来的负外部性，导致我们必须调整经济增长模式。因此，经济高质量发展的提出，是将经济发展由依靠有形要素逐步向依靠数据、技术、人力资本等无形要素转变。通过无形要素的使用，提高有形要素的产出与配置效率，同时，依靠无形要素自身的增长，最终实现中国经济的质量变革、效率变革、动力变革。

表2-2　有形要素与无形要素特点的比较

项目	有形要素	无形要素
消耗程度	非消耗性	经过消费物质形态基本不存在
稀缺性	非稀缺性	很大程度上有着明显的稀缺性
共享程度	可共享性	在很大程度上排他或完全的排他性
增值性	增值性较大甚至无限	在一定范围、程度上的增值性
外部性	正外部性	负外部性

续表

项目	有形要素	无形要素
交互关系	交互性	非交互性
典型代表	知识、技术、数据	土地、劳动、资本

在新的经济发展阶段，中国社会的主要矛盾发生改变，已经从人民日益增长的物质文化需要同落后的社会生产力之间的矛盾转变为人民日益增长的美好生活需要和平衡不充分的发展之间的矛盾，从有没有向好不好转变。中国社会主要矛盾发生改变，要求从根本上提高供给质量，实现有效供给，同时，增加服务供给的比重，实现供给质量变革。长期以来，我们的产品质量相对较低，在一些服务领域，如消费性服务、公共服务，与人们日益提升的需求存在较大差距。因此，在经济高质量新发展阶段，要求我们围绕消费者需求的显著变化，解决消费者需求不充分、不均衡等问题，实现人民日益增长的美好生活需要。

二、经济高质量发展的界定

关于经济高质量发展的界定，由于研究角度的差异，对经济高质量发展的界定从表征上看差别较大，但实质上是无差异的。从宏观角度来看，经济高质量发展是指在经济增长的基础上，实现经济持续健康发展——投入产出效率高、经济结构优化、社会福利水平高。从发展角度来看，传统土地、劳动力、资本等有形要素投入与数据、技术、人力资本等无形要素相互作用，通过无形要素提升有形要素的产出效率和配置水平，同时，实现无形要素自身的增值，构成经济持续健康发展的基础。从微观层面来看，商品与服务的质量可以充分满足消费者需求变革，同时配置过程高效，微观层面主要围绕产品质量与消费质量展开（王一鸣，2020；王彩霞，2018），解决有效供给不足的问题，目标是通过产品与服务质量的提升，满足消费者不断变化的商品与服务需求。同时，要提高生产与消费双向配置效率，实现资源的有效配置（洪银兴，2018）。

由于研究角度的需要，本书从微观、狭义的角度对经济高质量发展进行界定，即为了适应消费者不断升级的消费需求，产品和服务供给从有没有向好不好转变，旨在满足实际需要的使用价值特性，意指一个国家在一定时期内生产的具体产品和服务的总和能够满足社会的需要，可以为新时代人民群众提供其所需的多样化、个性化、高端化的产品和服务，具体可以从供给质量、交易质量、消费质量、外部性四个角度进行测度。

三、经济高质量发展的测度

国内关于经济高质量发展的研究主要集中于宏观领域。部分学者构建了涵盖经济结构优化、创新驱动发展、资源配置高效、市场机制完善、经济增长稳定、区域协调共享、产品服务优质、基础设施完善、生态文明建设和经济成果惠民十个方面的经济高质量发展水平测度体系（魏敏和李书昊，2018）。西北大学任保平团队的测量指标使用的最广泛，具体包括经济效率、经济结构、创新驱动、绿色发展、经济可持续性、资源配置效率、市场机制、区域协调、产品服务质量、基础设施、经济成果11个指标。由于研究角度的问题，本书立足于微观视角，因此，对宏观指标不再赘述。

微观经济高质量发展是经济高质量发展的基础。关于经济高质量发展的微观测度，现有成果主要围绕产品质量、市场质量、企业质量、创新质量展开，产品质量主要包括合格率、优质率、名牌率、质量损失率、新产品产值率、顾客满意度等变量。市场质量主要选取市场配置效率、市场流动性、市场竞争性、市场透明度等指标，部分指标还增加市场价格离散、市场波动性等指标。企业质量指标主要从劳动生产率、投入产出率、资产利润率、资产负债率、高新技术贡献率、人均收入竞争力、企业景气指数7项质量评价指标。创新质量指标选取科技进步贡献率、科技人员收入竞争力、研发经费投入强度、研发人员全时当量、每万人有效发明专利、技术交易市场成交额、知识产权保护度、信息化发展水平8项质量评价指标。

现有经济高质量发展的微观指标虽然能在一定程度上体现经济高质量发

展的结果，但其突出的问题是不能与现有微观经济学的研究框架相契合，部分会计指标无法纳入微观经济学话语体系。本书尝试在如下三方面予以改进：一是回归使用价值，即商品与服务能切实给消费者带来使用价值，提高消费者效用水平；二是交易费用的普遍存在，由于信息不对称，在生产与消费的双向匹配过程中，经济主体之间存在显著的交易费用；三是经济高质量最终考察的是福利改进，即是否存在帕累托改进。因此，本书将从每一件产品（包括商品和服务）都能够切实为人们带来使用价值的微观视角来推演经济高质量发展的内涵。因此，将从生产、交易、消费以及外部性四个角度对经济高质量发展进行量化，本章只是对上述四个方面进行总体描述，具体指标将在第三章进行具体阐述。本章的主要创新是将新古典经济学抽象掉的使用价值与质量纳入微观经济学框架，更加全面地衡量微观经济高质量发展。

对生产质量的界定回归使用价值，使用价值是产品与服务对于消费者的合意性，即厂商生产的产品与服务既要遵从其自身的客观属性，又要尊重消费者的主观感受。现阶段，消费者需求存在显著的变化，多样化、个性化需求成为主流，因此，产品与服务厂商要根据消费者的需求变化，动态调整商品与服务的客观属性。从微观层面来看，只有产品具有合意性，消费者愿意对产品与服务进行支付，产品才具有使用价值。如果产品不能根据需求动态改进，未能达到社会必需的质量水平，产品与服务处于挤压状态，其使用价值是无法转化为社会使用机制的。

在现实中，厂商与消费者之间的信息不对称是普遍存在的，因此，厂商与消费者的双向匹配存在显著的交易费用。同时，厂商为了让消费者感到产品的高质量，往往附加大量包装、广告、品牌服务，导致实际使用价值低于预期，"重包装、轻品质，重宣传、轻研发，重营销、轻质量"的现象普遍存在。交易质量的提高本质上是以高效的方式创造更多的使用价值，减少交易过程中的非技术性因素造成的效率损失。交易质量的提高不仅可以有效减少厂商与消费者之间的交易费用，更为关键的是还可以减少交易环节非技术因素带来的效率损失。简而言之，所有产品及其附加服务的生产与提供，对最终消费者而言，都具有存在的价值，而不是徒增交易费用。

综上所述，当一个经济系统所生产的商品与服务，以及围绕商品和服务所提供的附加服务均为高质量的，都是消费者使用价值所必需的组成部分时，我们认为实现了经济高质量发展，经济系统中的生产、流通、消费处于生产成本与交易成本最小化的运行状态。其外延包括：在现有技术条件下，产品的生产效率较高，资源充分利用，分配公平合理，流通通畅高效，消费绿色健康，产品和公共服务机会均等，人与自然和谐发展等。反言之，对照现实情况，生产的产品与服务不能为消费者提供切实可用的使用价值，有效供给不足，并且流通环节交易费用高，非必要的附加服务增多，这些都是经济低质量发展的集中表现。从微观角度来看，不仅产品与服务需要具有较高的使用价值，流通环节同时也需要提高效率，以降低非必要的、非技术性的损失，消费者效用水平显著提升，同时，通过添加外部性指标来度量上述经济活动对经济主体的影响。

第三节　相关理论基础

一、马克思主义流通理论

马克思主义流通理论在国内流通理论问题研究过程中占主导，马克思主义归纳总结了与社会化大生产相匹配的流通现象，为解释流通问题提供了总体框架。但是马克思主义流通理论缺乏对流通组织的研究，对流通的具体实现过程没有深入探究，这也为中国特色流通理论的构建提供了空间。马克思主义流通理论的内容包括：

（1）关于流通内涵的界定，马克思关于商品流通问题的研究是服务于资本流通的。马克思定义的商品流通的实质是商品形态与货币形态的循环，对应着广义的流通，对应于英文的"Circulation"。马克思认为，每个商品形态变化的过程，必然与其他商品形态变化的过程紧密相连，这种形态不断变化的过程构成了总体上的商品流通，而相互交错的经济关系构成了经济主体之间的相互关系。通过商品流通过程以及经济主体相互关系的剖析，马克思对资本增值与价值分割进行了深入分析，说明了资本家对剩余价值占有的剥削本质。

（2）关于商品流通的过程，马克思认为，货币的出现，使买卖相互分离，进而实现了交换范围的扩大。商品流通由相互关联的商品转变为货币（W—G）和货币转变为商品（G—W）两个过程组成。商品流通的目的是为了买而卖，是为了获取使用价值。与商品流通相对应，马克思同时又提出了货币流通G—W—G'，货币流通中商人角色出现，商人为了卖而买，流通的目的是为了获得价值增值。商品流通公式与资本流通公式虽然都是买卖相互对立的两个过程，但是其两者存在较大的差别。从流通形式来看，商品流通是以货币为媒介，起点和终点是商品，是为了获取使用价值，为了买而卖；资本流通是以商品为媒介，起点和终点是资本，是为了获得交换价值，为了卖而买。

（3）关于流通时间与流通费用。马克思将社会再生产划分为生产过程与流通过程两部分，其中，资本周转处于流通过程的时间被定义为流通时间。马克思进一步将流通时间分解为两部分：一是购买时间，即货币转化为生产资本的时间；二是销售时间，即商品转化为货币资本的时间。马克思指出，流通时间受流通环境的制约，流通时间的缩短可以加速资本周转，增加剩余价值。马克思借鉴亚当·斯密关于生产性劳动与非生产性劳动的界定，将流通费用划分为纯粹流通费用与生产性流通费用。纯粹流通费用是为了实现交易所耗费的买卖、簿记、货币成本，纯粹流通费用是非生产性劳动，不创造价值，从剩余价值中抵扣。生产性流通费用对应物流费用，属于生产性劳动，创造了商品的时空价值，从其创造的价值增值中抵扣。

（4）关于商品流通与生产之间关系的研究，马克思在分析商品流通与生产之间的关系时，主要是通过社会再生产的生产、分配、交换、消费四环节的相互关系说明的。马克思承认流通环节的客观存在，而且随着社会分工的细化和范围的扩大，生产与流通相互依存的程度不断提高。同时，马克思认为，生产对流通具有决定作用，生产决定流通，生产是流通的物质基础，有什么样的生产就会产生什么样的流通。同时，马克思也承认流通对生产的反作用，如果生产的产品不能实现"惊险的一跳"，生产将陷入绝境。流通制约着生产，对生产的规模、结构具有重要影响。

（5）关于商品危机性的研究。马克思指出，商品流通过程孕育着商品危机性。在物物交换阶段，买卖在时间和空间上是一致的，不存在买卖之间的矛盾。随着货币的出现，在商品流通过程中，买卖双方出现了时空的不一致，因此，买卖矛盾加剧。买卖在时空上的分离导致时间不一致和空间不一致。马克思将商品流通定义为买卖相互衔接的形态循环，因此，在此循环中，某一个买卖环节存在不一致，将导致在整个循环中传导，其结果是大范围的买卖脱节，商品滞销，需求得不到满足。因此，在商品流通转化为资本流通的过程中，商品危机性具有必然性和普遍性。

二、西方流通理论

古典经济学基于交换和分工视角在一定程度上承认了流通的作用。新古典经济学为了将理论框架进行精确的数学表达，在假设上抽象掉了流通环节，生产与流通直接见面，导致流通研究被排除在主流研究之外。新制度经济学对新古典经济学进行了修正，承认了信息不对称与交易费用的存在，使流通在主流经济中有了回归，并且从制度角度提出了解决信息不对称、降低交易费用的措施，为流通体制机制改革提供了借鉴。新古典经济学利用超边际分析方法，进一步实证分析了交易费用、交易效率提高对经济增长、分工、贸易的影响，为流通研究提供了理论框架与实证方法。总体来看，西方经济学商贸流通理论的内容主要有：

（1）古典经济学。古典经济学承认流通环节的客观存在，并且认为流通对财富积累具有直接影响。英国经济学家托马斯·孟的《英国得自对外贸易的财富》一书，直接将贸易作为财富的来源，贸易顺差是获得财富积累（金银）的直接来源。并且其认为，贸易领域的税费与壁垒将影响出口价格，进而，制约财富的积累，因而应减少对贸易环节的干预。亚当·斯密在《国民财富的性质和原因的研究》中指出，交换是分工的前提，交换使全社会专业化分工成为可能。同时，其论证了交换与经济增长的因果关系，其认为交换是经济增长的原因，而经济增长只是交换的结果，而不能成为经济增长的原因。由此可见，古典经济学承认流通环节的客观存在，并从归纳总结的角度对其作用进行了论述。

（2）新古典经济学。新古典经济学主要研究厂商理论、消费者行为理论、均衡理论等，其通过厂商与消费者行为的均衡，实现对资源的配置。由于需要借助线性代数，对其上述行为及其均衡进行数学表达，其只能假设生产与消费直接见面、零交易费用等，其结果是抽象掉了流通环节，使流通问题研究排除在主流经济学之外。新古典经济学主要通过价格机制实现对资源的优化配置，忽略了价值机制产生的市场基础和流通环节。但是新古典经济学为流通问题研究提供了一个完整的概念体系与总体框架，为后期的理论修正提供了基础条件。

（3）新制度经济学。新制度经济学是20世纪最伟大的经济学流派，其通过对新古典经济学的前提假设修正，使其对现实世界具有较强的解释能力。尤其其立足于交易环节的研究，为流通问题研究提供了直接框架和政策来源。新制度经济学承认信息不对称与交易费用的普遍存在，并且普遍认为制度的设计可以有效缓解信息不对称，降低交易费用。新制度经济学对信息不对称与交易费用的关注，可以在一定程度上使流通环节回归主流经济学，并且从制度角度提出解决信息不对称、降低交易费用的措施，为流通体制机制改革提供借鉴。但新制度经济学仍然没有直接对流通问题进行研究，只是为流通问题提供了交易费用与制度视角。

（4）新兴古典经济学。新兴古典经济学主要的贡献是内生比较优势模型，内生比较优势模型引入了交易效率的比较优势的概念，具体指各个国家和地区各种产品交易效率相对比值的差别。通过交易效率与交易费用的引入，杨小凯解释了一般均衡会逐渐从自给自足向不完全分工再向完全分工演化，资源的配置效率不断提高。同时，杨小凯利用超边际分析方法，实证了交易费用与交易效率的作用机制，使得可以充分利用交易效率、交易费用的关系等概念来讨论贸易问题。内生比较利益来源于交易效率的不断提高，流通的核心作用是提高交易效率，同时，分享内生比较利益。交易效率改进对一般均衡分工网络规模有正面影响，交易效率的改进能使更多分工网络效应被利用。流通革命的核心是提高流通效率，降低流通费用，因此，分工规模扩大、流通效率改进使更多分工网络效用被利用。但相对遗憾的是，新兴古典经济学只是从理论上证明了交易费用的作用，没有对交易费用进行具象化，因此，没能回归到流通组织的研究中。

（5）其他西方经济学流派。其他西方理论学派主要从流通现象入手，借助主流经济学的理论模型与实证方法，将其引入流通问题的研究。韦伯通过引入区域经济学研究理论与方法，对商业规模与布局问题进行了系统研究。戴维·F.巴腾和戴维·E.博伊斯构建了商圈理论模型，对商业集聚与商业布局进行了分析。部分学者通过引入产业组织理论，对流通组织的市场结构、市场行为、市场绩效进行了分析。日本学者通过引入经典流通理论，立足于日本流通现象，形成了比较完备的流通理论体系，对日本后期实施流通革命提供了直接理论依据与操作指南。

三、双边市场理论

传统市场研究都停留在单边市场研究领域，随着电子商务平台的发展，双边市场逐步成为市场的主流形态。关于双边市场的研究，大量学者从理论与实践角度对双边市场进行了探讨，作为网络经济学与产业组织的核心理论，双边市场理论已经形成了完整的研究框架。Rochet 和 Tirole（2004）首先从价格视角对双边商场进行界定：假设平台企业向买家 A 收取 P_A 的费用，向卖家 B 收取 P_B 的费用，当平台向买卖双方收取的总价格 $P = P_A + P_B$ 保持不变，而任何一方价格变动都会对平台总交易量产生影响时，这样的平台市场便是双边市场；当市场的交易总量仅与总价格 P 相关，而与价格结构无关时，这样的市场称为单边市场。Rochet 和 Tirole 最早从价格非中性角度对双边市场进行了界定，但忽视了平台的网络外部性与交叉外部性。在此基础上，Armstrong 和 Wright（2007）从交叉网络性视角将双边市场界定为平台市场对交易双方制定一定的收费策略，平台一方的效用取决于另一方的数量。双边市场的理论与实践研究集中于平台企业的定价策略、双边用户的单归属与双归属、双边市场的反垄断规制、市场绩效测度、动态规划模型在产业中的应用。

我们对双边市场的认识是从平台结构、交叉网络外部性、价格结构非中性开始的。但如果经济通过特征认识资源配置主要载体——双边市场，显然缺乏对平台及平台活动的深刻认识。对平台的认识主要包括：双边市场相对于单边市场具有更强的主动性，其并不局限于传统单边市场仅仅提供交易场所，更关键的是其对交易双方或多方具有调节作用，通过价格结构非中性策略可以调节交易及市场绩效，获得交叉网络外部性；但双边市场对交易双方或多方的调节并不总是积极的，更为关键的是其也存在滥用市场行为的可能，降低了市场绩效水平。双边市场沉淀海量交易行为，是供给与需求双向匹配的载体，但随着交易双方或多方行为的复杂性，双向匹配的难度不断提升。随着信息技术的应用，交易行为沉淀于双边市场，通过数据沉淀、挖掘，形成海量多源异构数据。因为数据产生于应用，双边市场对平台的双向匹配逐渐转向精准，实现了交易双方与多方的匹配。同时，数据并不是"向善"的，双边市场往往通过数据导致市场行为的滥用。

本书认为，流通的基本作用是为经济分离提供双边市场，通过流通提供的底层平台，生产与消费双向匹配。随着流通活动的复杂化，流通活动主体不断增加，流通平台逐步由双边市场向平台生态发展。流通作为生产与消费的底层平台，区别于以往的实体平台，其具有更大的主动性与调节手段。通过流通数字化转型，流通环节沉淀了海量的交易数据与行为数据，流通平台可以通过价格结构、网络外部性的调节，实现双向匹配效率的提高。同时，流通平台也存在滥用市场行为的可能，导致市场绩效降低。

四、信息经济学理论

新古典经济学假设信息是完全的，即经济活动参与者知晓所有信息，因此，可以通过理性人的精确计算得到收益最大化的均衡解。但现实世界是，任何经济活动参与者的信息都是不完全的，即经济活动的参与者之间掌握的信息量是不同的。在这种情形下，掌握信息较多的一方（信息优势方）可以利用信息优势获得额外收益。这种行为会损害信息弱势方的利益，信息优势方获得的收益往往小于信息弱势方遭受的损失，经济活动总福利水平下降。信息经济学建立在信息不对称假设的基础之上，通过机制设计，实现经济行为的甄别与激励。在一般情形下，信息弱势方通过机制设计弱化信息不对称行为带来的影响，但机制设计本身是需要成本的，非对称信息下的市场必然存在效率损失（见图2-2）。

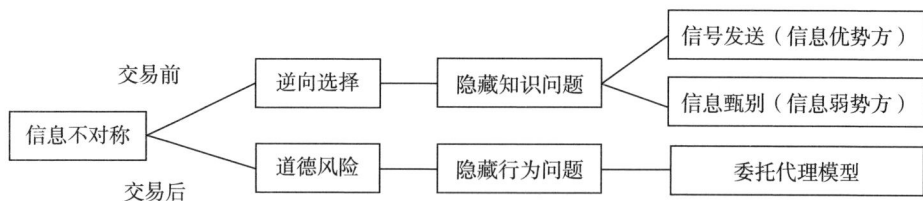

图2-2　信息不对称分类与机制设计

如图2-2所示，按照信息不对称的类型不同，信息不对称主要划分为两种情形，在交易前存在隐藏知识的行为，即逆向选择问题；在交易后存在隐藏行为倾向，即道德风险问题。逆向选择问题开始于旧车市场的开创性研究

（Akerlof，1970），通过旧车市场的典型研究证明了逆向选择的存在，随后逆向选择分析框架扩展到其他研究领域。逆向选择通过机制设计，根据机制设计一方是否拥有信息，将改进机制分为信号发送与信息甄别。无论是哪种改进机制，其基本原理都是让信息优势方显示真实信息，使信息弱势方根据真实信息进行经济决策，减少资源配置损失。信号发送模型是信息优势方通过适当的契约主动传递私人信息，解决隐藏知识问题，信号发送典型的应用是教育信号模型（Spence，1973）。信息甄别是信息劣势方通过机制设计，实现对信息优势方不同类型的甄别，获取真实的交易信息，信息甄别典型的应用是保险市场模型（Michael and Joseph，1976；Wilson，1977）。信息甄别机制的设计依据显示原理，通过契约诱导信息优势方说真话的过程，可以实现非对称信息下的帕累托改进。道德风险现象研究开始于保险问题，当被保险人获得对不利事件的保险后，对待不利事件的态度不再谨慎，可能不再努力规避不利事件的发生。道德风险揭示了一个普遍的经济现象，在信息不对称存在的情形下，交易行为发生后信息劣势方无法观察、监督信息优势方的行为，导致信息优势方获益而信息劣势方利益受损的机会主义行为发生。道德风险是典型的委托代理问题，其广泛应用于保险市场、公司治理、效率工资与内部审计等领域。道德风险可以通过机制设计解决，当代理人的行为与努力程度不可观察时，代理人会选择对自己最有利的行为与努力水平，同时，代理人的努力程度与其付出的成本、获得的收益正相关。委托人只关注代理人努力后的绩效结果，为了实现预期的绩效结果，必须对代理人的努力程度进行补偿。一般情形下，当代理人是风险中性倾向且不受财富约束时，委托人最好的选择是将代理人的努力程度与绩效水平相互关联，代理人对其努力结果拥有剩余索取权。当代理人是风险厌恶倾向时，其努力程度与绩效水平并不一定是严格的正相关关系，绩效水平还可能受其他不确定性因素的影响，此时，将代理人的努力程度与绩效水平相互关联的机制设计，可能会导致激励失效，代理人的风险规避倾向使其不会选择对社会最优的努力水平。

五、交易费用理论

交易费用和流通费用一样，都是交易环节客观存在的人与人打交道的费用。交易费用最早是作为一个解释变量存在的，科斯在《企业的性质》一文中，借助交易费用来说明被解释变量企业的产生，但是相对于企业的产生，交易费用恰恰奠定了新制度经济学派的基础，其修正了新古典经济学关于零交易费用的假设。交易费用实际是实际交易过程中人与人交易带来的成本，实际是为了防止个人利益受到侵害所付出的实际成本，科斯、诺斯、威廉姆斯等新制度经济学家普遍认为，通过制度设计可以有效降低交易费用，实现交易过程的帕累托改进。新制度经济学派认为，清晰的产权有助于降低交易环节的交易费用。赫维茨承认制度设计的作用，并提出了参与约束与激励相容约束，为具体的制度设计提供了客观依据。新制度经济学派将新古典经济学拉回了现实，承认交易费用的客观存在，并认为从产权设定和机制设计方面可以有效降低交易费用，但是在这其中，在一个国家或地区的某一次交易中，交易费用的测度是不可能的，这导致除了提出制度功能之外，并不能有效分解交易费用，阻碍了进一步降低交易费用的可能。

六、平行系统理论

王飞跃（2004）提出了影子系统的思想，形象地描述了现实世界与人工世界的关系。其后，在2004年，他提出了平行系统理论，并系统论述了平行系统的管理与控制问题。他认为，所谓的平行系统，是由现实系统与其一一对应的虚拟人工系统相互作用而形成的。它通过实际系统与人工系统之间的虚实互动，对两者的行为进行对比、分析和预测，相应地调整实际系统和人工系统的管理和控制方式，实现对实际系统的优化管理与控制，对相关行为和决策的实验与评估，具体的平行系统研究框架如图2-3所示。通俗地讲，人类现实世界存在错综复杂的经济活动与行为，但是由于缺乏必要的技术手段，经济行为的交互是无法得到全面刻画、建模、还原的。随着网络技术、大数据技术、区块链技术的集中应用，经济行为可以通过物联网实现数据采集，通过大数据技术进行数据采集、整合，并借助算法和人工智能技术，实现对现实经济行为的再配置与再优化。平行系统理论的实质是通过数据的收集与整合，实现对现实世界的控制，为资源的优化配置提供了思路来源，同时，也为数字化升级提供了理论支撑。流通环节具有衔接供需的优势，由于网络技术的普遍应用，流通领域的数据可以有效沉淀于计算机网络、移动互联网与物联网，随着物联网的普及与应用，流通领域正逐步实现万物互联。大数据技术的出现，为流通领域数据的挖掘、整合、处理提供了技术可行性，此时，在流通环节初步实现了现实世界与数字世界相互映射的平行系统。算法与人工智能借助数据整合所呈现的相关关系，实现了对实际流通活动的调节、优化，流通环节双向匹配的能力不断提升。

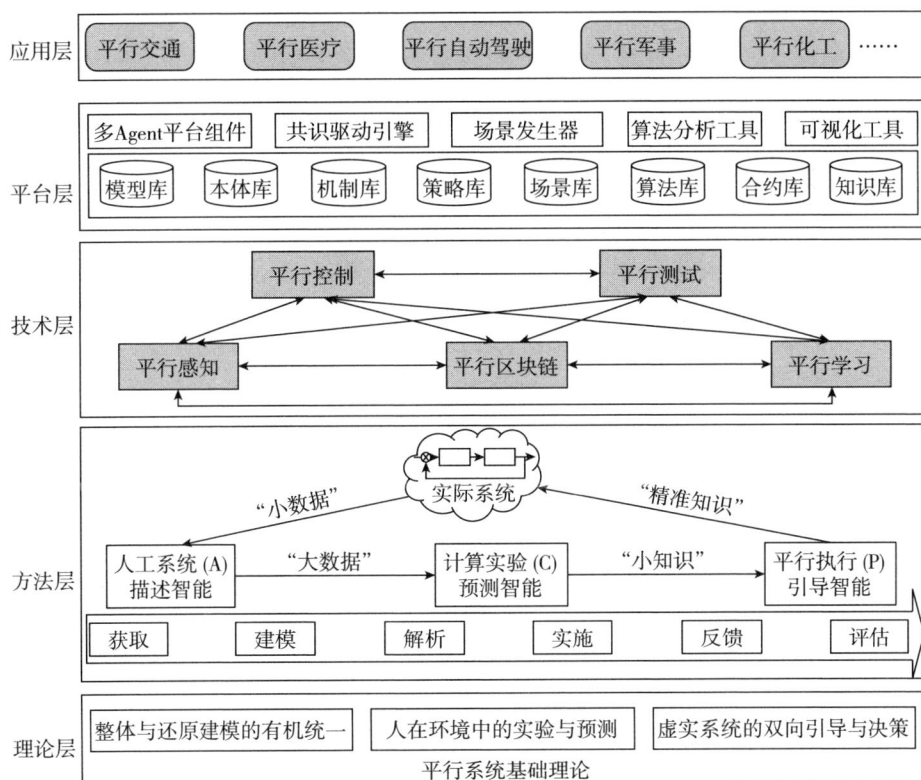

图 2-3　平行系统的研究框架

七、信息论

（1）信息与不确定性。根据《信息论》，不确定性在现实中是普遍存在的，而信息是消除信息不确定性的有效手段。从客体角度来说，客体本身的运动是无规律的，是不以主体意志为转移的独立存在。对于客体本身运动的无规律性，从根本上来说，是无法消除的，不确定性总是存在。但是掌握客体运动的一定规律，可以在一定程度上缓解不确定性。特别是信息技术的使用，在一定程度上可以准确知晓其在未来某一时刻可能的结果，消除不确定性。对于消费者客体变化无常的不确定性，我们必须掌握消费者更多的信息。大数据技术的使用，使消费者数据挖掘成为可能，通过海量消费者行为数据、交易数据的挖掘，逐步清晰消费者购买行为的预期结果，消费者不确定性程度降低。除了客体自身的原因外，主体认知局限与计算能力局限也是不确定性产生的来源。提高课题自身的教育程度、学习能力在一定程度上可以解决客体自身的局限。除此之外，随着算法与人工智能的应用，借助数学模型与计算机程序，以及海量的数据资源，可以实现算法的迭代，解决客体认知局限与计算能力局限。

对应流通过程，零售商与消费者互为主体与客体。在购买过程中，零售商作为客体，消费者只有掌握更多关于零售商渠道、商品与服务的信息，才能消除不确定性，消费者信息获取主要取决于信息量与信息处理技术（P. H. 林赛、D. A. 诺曼，1987）。对于消费者决策过程模型，消费者通过复杂决策网络获取口碑、评价等信息，增加信息量；通过消费者决策数据智能，利用智能推荐、信息中介提高信息处理能力，从而缓解零售商渠道、商品与服务的不确定性。在售卖过程中，零售商作为主体，其知识与技能欠缺，导致零售商对消费者的客观变化了解较少，同时，消费者需求不确定性程度越来越高，增加了其了解消费者客观变化的难度。此时，通过渠道整合，搭建消费者可能使用的所有渠道（接触点）可以实现对消费者购买行为过程中的交易数据、行为数据与传感器数据的收集，增加关于消费者的信息量。通过人工智能和算法技术，改变输入信息的内容和输入的方式，提高信息处理的效率，这在一定程度上降低了消费者需求的不确定性。

（2）信息熵与需求不确定性。关于消除不确定性的度量，现代信息科学理论提供了直接的理论来源。现代信息科学理论认为，信息是用来消除经济主体关于事物运动状态和方式的不确定性的；其数值可以用它所消除的不确定性的多少来度量。现代信息科学理论认为，在信息通信过程中，信源、信道、信宿、编码、译码、反馈、噪声是通信过程中的构成要素，其中，信源、信道、信宿是必不可少的，信源（发信端）经过信道（信息传输通道）到达信宿（收信端），因而，任何一个通信系统都由信源、信道、信宿组成，缺一不可。噪声是通信过程中的干扰项，通过编码、译码、反馈手段可以消除噪声带来的失真。

在信息论中，用信息熵（H）表示不确定性，信息熵代表信源整体的不确定性程度。对于信源，不管它是否为输出符号，只要这些符号具有某些概率特性，必有信源的 H 值，H 值在总体平均上就有意义。从香农的信息熵公式来看，香农在其代表作《通讯的数学理论》中，曾谈到选择、不确定性和熵之间的关系（Shannonce，1948）：假设有一可能事件集，它们出现的概率为 P_1，P_2，…，P_n，这些概率是已知的，但是，至于哪一个事件将会出现，我们没有更进一步的资料，现在我们能否找到一种测度来量度事件选择中含有多少"选择的可能性"，或者找到一种测度来度量选择的结果具有多大的不确定性呢？香农认为，最适当的测度就是用 H 表示熵函数，公式如下：

$$H = -K \sum_{i=1}^{n} p_i \log p_i \tag{2-1}$$

其中，K 是常数，p_i 是某一可能出现的概率，如果令 K 为一度量单位，则 H 代表信源不确定性程度。信息熵表示系统中某一组随机事件集合可能出现的程度，可能出现的程度越大，概率越大，熵越小；可能出现的程度越小，则概率越小，熵就越大。当获得更多关于信源的信息时，对信源某一随机事件出现的情况越清晰，其可能出现的概率越大，信息熵愈小，信源平均的不确定性程度越低，客体更有序，将减少主体决策的不确定性。

具体到流通过程中，根据研究需要，经济行为可以分为售卖行为与购买行为。在售卖活动中，零售商作为主体，消费者作为客体。消费者所需的商品与服务组合是可能事件集，它们出现的概率分别为 P_1，P_2，…，P_n，消费者具体会购买哪种商品与服务组合是随机的，H 代表某一组随机购买组合可能出现的程度，H 值越小，消费者购买某种商品与服务组合的概率越低。零售商的动机是获取更多信息，实现对消费者的信息完全。在理想的状态下，信息熵 H 会逐步趋向于 0，消费者购买行为是确定的。零售商进行渠道整合，将消费者所有行为数据、交易数据沉淀于零售渠道，通过数据挖掘、处理，以达到对消费者可能出现的概率的精准预测，实现消费者信息熵（H）减小。此时，从售卖行为来看，零售商、消费者构成的零售系统无序程度降低，有序程度增加。在购买过程中，消费者作为主体，零售商作为客体，此时，消费者依赖复杂的决策网络与数据智能，完成信息收集、处理过程，不断提高其信息能力，消除零售商的不确定性。从客体零售商来看，通过信息收集、处理，零售商的信息熵（H）减小；从购买行为来看，零售商、消费者构成的零售系统无序程度降低，有序程度增加。当消费者、零售商互为主体与客体时，零售渠道整合的作用是提高双向信息收集与信息处理能力，实现双向信息熵（H）降低，即消费者与零售商构成的零售系统的熵值降低，消除双向不确定性。

根据信息论，世界上大多数联系都是相关联系，而非因果联系，相关的联系可以强，可以弱，但弱相关其实没有意义，我们需要寻找和利用的是强相关关系。但是，相关程度的大小需要有一个定量来衡量它的指标，这就是互信息。互信息（Mutual Information，MI）表示两个变量 X 与 Y 是否有关系，以及关系的强弱。两个离散随机变量 X 和 Y 的互信息可以定义为：

$$I(X, Y) = \sum P(X, Y) \log \frac{P(X, Y)}{P(X)P(Y)} \tag{2-2}$$

可以看出，如果 X 与 Y 独立，则 P（X，Y）= P（X）P（Y），I（X，Y）就为 0，即 X 与 Y 不相关。

八、产业组织理论

产业组织理论为本书提供了总体视角，产业组织理论发端于微观经济学厂商理论，其主要研究对象是市场经济中的企业行为与组织制度[①]。产业组织理论考察厂商间展示的现实经济现象，解释这些经济现象发生的机制[②]（吴汉洪，2019）。产业组织理论大致经历了结构—行为—绩效范式（SCP）、博弈论范式、网络产业组织理论、行为产业组织理论四个阶段。从研究内容来看，结构—行为—绩效范式阶段研究的主要内容是市场结构、市场行为和市场绩效间的单向因果关系与相互影响的多重关系。哈佛学派以垄断竞争理论为基础，通过静态截面数据的回归分析方法，推导出市场结构、市场行为、市场绩效之间具有单向的因果关系。哈佛学派以市场结构为出发点，认为市场集中度提高，将产生提高价格、设置进入壁垒等市场行为，造成资源配置低效的绩效结果，并提出了严格的反垄断政策主张。20 世纪 70 年代末期，芝加哥学派对哈佛学派的观点提出了质疑，芝加哥学派认为，单纯依赖相关关系分析提出的 SCP 范式过于武断，事实上，市场结构、市场行为、市场绩效之间不是简单的单向因果关系，而是存在双向、多重的因果关系。芝加哥学派以可竞争市场理论为基础，重点考察了市场绩效问题，提出了绩效主义政策主张。结构—行为—绩效范式阶段的研究更多的是对厂商间的结构、行为、绩效的直观经验分析，缺乏清晰的理论内核。

博弈论的引入使产业组织理论发生了脱胎换骨的革命性变化。博弈论为产业组织理论提供了统一的方法论与标准的分析工具，使产业组织理论进入博弈论范式，至今仍具有较强的解释能力。博弈论一方面引入了新古典经济

①　张维迎. 产业组织理论的新发展——兼评吉恩·泰勒尔的《产业组织理论》［J］. 教学与研究，1998（7）：25–30.

②　吴汉洪. 西方产业组织理论在中国的引进及相关评论［J］. 政治经济学评论，2019，10（1）：3–21.

学内核，成为新古典经济学的延续；另一方面博弈论通过引入厂商间的策略性行为，构建了厂商间的互动机制，是对新古典经济学的拓展。博弈论范式打破了在产业组织理论中居于主导地位的 SCP 范式研究，使市场结构与市场行为内生于厂商间的策略性行为之中，考察的核心转移到市场行为，提出了行为主义的反垄断政策主张。博弈论范式使产业组织理论具有较强的解释能力，拓展了其研究范围，不再仅局限于垄断问题研究。凡是厂商间的行为与关系，都可以利用博弈论分析工具纳入产业组织理论的研究范畴，考察其资源配置的效率情况。

博弈论范式虽然纳入了厂商间的策略性行为，但厂商的行为是独立的，厂商只是在给定其他厂商策略的前提下决策，厂商间不需要考虑策略性行为的相互影响。博弈论范式假设个体是同质的，个体间不存在相互关系，而现实个体往往是异质的，普遍存在相互联系，个体之间的策略存在网络外部性。部分经济学家围绕个体间的网络外部性重构了产业组织理论模型，被称为网络产业组织理论。个体之间存在相互影响，而且相互影响可以改变收益实现机制，客观上产生了外部性。假设外部性是负的，个体收益减少。当个体之间产生正的外部性，个体收益增加，由此产生报酬递增机制，报酬递增机制导致多重均衡，偏离博弈论范式下的单一均衡解。网络产业组织理论将研究对象拓展到消费者行为研究之中，考察消费者与消费者、消费者与厂商、厂商与厂商之间的行为关系与资源配置效率。消费者与消费者之间行为关系的研究开始于需求端规模经济现象的考察，消费者之间的互动行为将产生直接网络外部性与间接网络外部性。消费者之间的网络外部性不仅会对消费者收益产生影响，还会直接影响厂商的策略性行为。博弈论范式隐含着消费者是同质的，厂商面对的是标准的消费者，该消费者被动地接受厂商的产品与定价，即同质化消费者是外生的。因此，博弈论范式阶段通常将消费者排除在产业组织分析框架之外，仅仅考察厂商间的博弈行为。而现实中，随着信息技术的发展，信息技术降低了消费者信息搜索成本，同时使厂商销售差异化的长尾商品有利可图，消费者的需求特征更加离散化，使市场结构更加分散，直接影响厂商的市场行为、市场绩效。网络产业组织理论逐步将消费者异质性引入产业组织分析框架内，从消费者异质性与互动关系出发，厂商采取相应的市场行为，进而对厂商利润、消费者剩余与社会福利产生影响。消费者与厂商之间的行为关系研究的典型应用领域是双边市场领域，消费者与厂商之间存在交叉网络外部性，平台企业可以通过一系列策略性行为实现其市场绩效。随着网络社会的形成，个体策略相互影响，具备了技术基础，策略性互动的外部性将普遍存在，并导致报酬递增机制普遍发生。网络产业组织理论肯定了互动关系的存在，引入了网络外部性，解决了报酬递增这一难题，使其可以处理网络组织呈现出的新经济特征，这是对博弈论范式的有效拓展。迄今为止，网络产业组织理论仍坚持新古典经济学理论内核，导致其仍然存在一个重大缺陷，没有给出网络外部性产生的内生机制。

　　行为产业组织理论引入了行为经济学理论内核，替代了博弈论范式和网络产业组织理论的新古典经济学内核，将有限理性与社会偏好作为个体行为的基本假设，以此来讨论个体策略行为的多样性与复杂性。同时，还拓展了产业组织理论的实证研究方法，引入了多种实验经济学方法，更好地考察了个体策略行为及其结果。行为产业组织理论将传统产业组织理论当作标准化特例进行处理，假定参与人满足新古典经济学的理性人假设，参与人面临信息约束，采取相应的最优策略，市场均衡取决于参与人之间的策略互动。因此，在新古典范式下，策略均衡和信息约束有关，信息不对称和不完全下每个参与人仅仅考虑自身的利益最大化。如果给定博弈的期限足够长，并且是固定参与人的重复博弈，那么就可能形成某种合作关系，由此演变出文化、习俗等非正式制度安排。行为产业组织理论认可传统产业组织理论的观点，但仅仅将其认定为严格限制下的特例，行为产业组织理论可以解释更普遍的参与人行为。行为产业组织理论假设参与人是异质的、有限理性的，其行为与判断存在认知偏见，导致其行为结果具有多样性、复杂性。迄今为止，行为产业组织理论主要用于解释消费者与厂商之间的博弈行为，理性厂商必然将存在认知偏见的消费者纳入产业组织分析框架内，根据消费者的认知偏见类型，提供差异化的产品与服务，厂商的策略性行为实际上内生于消费者的认知系统。参与人不仅存在认知偏见，更为重要的是其存在社会偏好，社会偏好的存在使参与人之间更容易合作。一旦把社会偏好纳入进来，行为产业组织理论将既可以分析传统的博弈论范式所分析的问题，又可以突破传统博弈论范式的局限，把理论分析推广到合作行为的研究领域。

第三章

理论拓展、假设提出与模型构建

第一节　理论拓展

一、流通过程的拓展

传统流通环节主要设定为狭义流通，即西方文献中的"distribution"，根据马克思的理论，其对商品流通的定义如下：每一个商品在一次交易中形态都要经历两次变化，分别是从商品形态转化成货币形态，再从货币形态转化为与之前不同的商品形态或使用价值。马克思说："每一个商品在流通中走第一步，即进行第一次形式变换，就退出流通……"该观点突出强调了第一次形态转化，即大众熟知的"惊险的跳跃"的重要性，但第一阶段转化的过程不是马克思主义流通理论的研究对象，并且该过程无论是在微观层面还是在宏观层面的流通都不在研究范围之内。本质上来讲，马克思所说的第一阶段的商品形态转化就是当前学术界定义的狭义的流通，而整个商品的两次变化才是广义的流通，也是马克思的研究对象。从外国文献来看，狭义的流通指的是"distribution",广义的流通或资本流通指的是"circulation"。当然,马克思不研究狭义的流通,并不意味着他忽视中间商的存在。在狭义流通的界定中,往往忽略了要素流通过程,即为了满足生产所需的原材料与生产性服务的流通环节,要素流通恰恰是生产质量提升的核心。供应链是经济循环的微观基础,图3-1绘制了基本的流通过程。从图3-1可以看出,供应商与服务提供商、生产厂商存在典型的交易过程,供应商与服务提供商实现了所谓的"惊险的跳跃",所以从本质看其属于典型的流通过程,需要纳入本书的研究对象。从现实来看,制约中国流通效率的关键问题就是忽视要素流通与服务交易过程的变革。

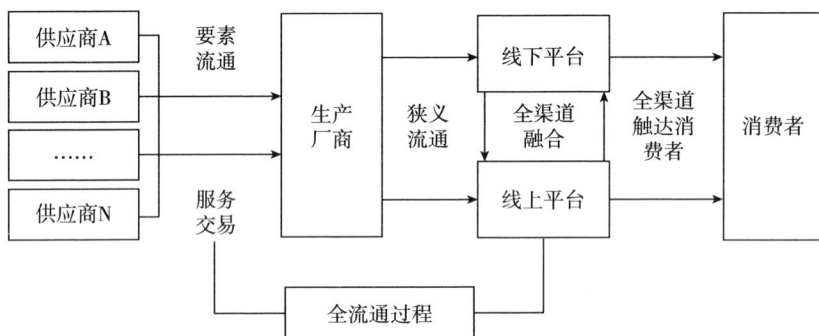

图 3-1 基本流通过程

二、流通机制的拓展

市场经济是指通过市场、利用市场机制配置社会资源的经济形式,即商品、服务交换的场所。市场机制是通过市场竞争配置资源的方式,市场竞争通常是不受限制的,资源可以自由交换。市场经济与市场机制是新古典经济学的产物,但新古典经济学生产与消费直接见面的基本假设其实是抽象掉了市场,只留下了市场机制的表征——价格,价格成为新古典经济学的"万能钥匙"。但是市场机制仅仅包括价格机制吗?其实除了价格机制外，市场还存在供求、竞争、风险机制等。那么本书的核心就是将新古典经济学抽象掉的市场进行还原，同时，随之还原的还有其他市场机制。

上述对微观供应链运行机制的研究将要素流通、服务交易与商品流通的全过程作为主要研究对象。从抽象来看，全流通过程已经不再是生产与消费的线性组织，将下沉为生产与流通交易的底层平台，因此，全流通过程已经是市场的具象化。中国流通理论的基本贡献应该是通过流通理论的研究，修正新古典经济学在市场研究方面的缺陷。从新制度经济学与新兴古典经济学的研究过程来看，已经开始了对市场的反思，通过交易费用这个代理变量弥补了市场的作用。但无论是新制度经济学，还是新兴古典经济学，都没能使市场具象化，仅仅运用了制度手段，缺少对市场如何建设的回应。中国流通理论将流通作为市场具象化，并对流通组织、流通环节进行了细化，将流通形象回归到商流、物流、信息流、资金流、人员流等过程。

在一次交易的流通过程中，流通费用的作用不可无视。流通费用产生的资本运行的场所可以称为经济空间，在该空间内，资本运作的各种矛盾明确显现出来。流通系统中存在的矛盾本质上就是在生产过程中资本运作产生的矛盾。众所周知，资本主义通过剥削劳动者使其生产出尽可能多的剩余价值，从而达到盈利的目标，即资本主义的绝对规律是通过生产产生更多的剩余价值。实现这一目标需要通过延长劳动时间来提高剩余价值率，在获得剩余价值后，还需要尽力转化为资本，再次投入到生产过程中，实现资本价值最大化。由于资本主义千方百计地挖掘剩余价值，最大化自己的利润，这将导致生活性消费紧缩，使社会总供给远远超过社会有效购买力，造成资源使用的浪费。商品生产中的矛盾体现在流通领域上，反映为资本相互竞争，掠夺有限的有效购买力，这就是第一阶段商品向货币转化，即所谓的"惊险的跳跃"。商品生产需要市场自由发展，流通也同样需要市场支配，但是流通费用的消耗构成了两种不同性质、相互对抗的力量，在经济空间的流通领域中表现为矛盾。

（1）建设性经济空间。该部分是由流通过程中的流通费用所创造的。社会生产力得到持续进步是以满足人类生存和发展的客观需要为原则的，即使有些资本运作不遵循该原则，通过掠夺剩余价值的手段来赚取利润，但是从整个社会来讲，若要使生产能够顺利进行，使资本能够实现自身增值，必须要符合这一根本原则，即需要生产出满足消费者生产生活需求的商品。在生产完成后，仍然需要将商品销售后所得的货币再次投入生产环节，实现新一轮的资本增值，在这个过程中，资本和劳动的持续投入就是流通领域的交易活动，只有这样才能使社会生产力源源不断地焕发出新活力。满足生产过程和流通过程一次次运转的流通费用就是马克思所说的必要的因素，这也是社会再生产的必要前提，凝结在这个过程中的劳动称为纯粹流通性劳动，其并没有形成使用价值，而是形成了流通机器，继而构成了社会的流通网络，称为建设性经济空间。因此，这类在流通领域中的劳动为再生产活动创造了客观环境与条件，为满足消费者开展生产生活活动做出了贡献。

这种纯粹的流通性劳动通过在建设性经济空间发挥作用，使全社会范围内的劳动价值总量得到提升，赋予了劳动者新的价值。由于劳动更加专业化节省了时间，因此在同一时间范围内就可以创造更多的价值。如果商品所有者是直接生产者，那么由于时空的阻碍，在交易过程中所花费的费用实质上就是以一种方式减少了劳动时间。一个在流通领域内有渠道优势的商人，凭借其专业化的能力，可以减少传统流通过程中的时间、劳动力等资源消耗，使交易效率得到新的提升，从而增加全社会劳动者的生产性劳动时间。他的劳动可以为市场上的交易双方缩短交易时间，减少不必要的损耗。倘若每个生产者都有这样的一个流通机器，那么将带来整个社会的资源优化配置。除此之外，提升过后的劳动水平促进了社会新需求的出现，使社会经济空间拓宽，并由此形成新的生产部门，使生产部门类别更加细化。所以，纯粹流通性劳动本身虽然不直接创造劳动价值，但是通过上述途径间接地创造出了劳动价值。这样构成的流通性劳动创造了经济空间，这是可以为经济发展提供新动力的建设性经济空间。

（2）破坏性经济空间。该空间是通过花费流通费用抢夺剩余价值形成的，是商品价值实现过程中非必要的费用。资本进行流通并不是为了创造社会福利，而是为了获得更多的超额剩余价值进行生产，有的时候并不考虑消费者生产生活的需求。该目的驱使着生产者相互争夺资源，花费在这上面的劳动不能创造价值，只会造成社会资源的浪费，正如花费在诉讼程序上的劳动并不增加诉讼对象的价值量一样，由此形成的经济空间我们称为破坏性经济空间。同样，该空间也会形成破坏性的流通网络，不利于人们进行交易活动，对经济造成了不良影响。例如，现实生活中常见的虚假广告，资本利用信息不对称欺骗消费者；一些企业利用自己的垄断地位做出不利于市场竞争、侵害消费者利益的市场行为，这些都会增加流通费用。这些行为的形成必然使一方生产者获得超额利润，另一方生产者只能亏损，并没有产生新的社会福利。因此，在争夺更多的剩余价值方面，花费更多的交易费用会浪费资源，其所形成的经济空间为其他恶性竞争的出现提供了成长空间，滋生了更多不利于市场经济发展的行为，阻碍了良好制度的设立，最终导致社会停滞。

建设性经济空间与破坏性经济空间并不是相互独立的，而是相互联系、不可分离的，两者各自发挥作用，形成了流通领域错综复杂的经济空间整体，分别体现了人类生存和发展的客观需要的力量与资本争夺超额剩余价值形成的权力斗争力量，两种力量对立统一。这表明每个资本追求自身价值增值的本性不可避免，因而，需要通过社会制度的创新来遏制恶性竞争行为，进一步发挥建设性经济空间的作用。

流通作为衔接生产与消费的底层平台，在实体空间聚集了生产厂商与消费者的交互行为，通过汇集生产与消费行为，塑造天然的优势。随着信息技术的应用，尤其是移动互联网与物联网的深度应用，在线上渠道与线下渠道广泛沉淀、采集流通活动数据，生产厂商与消费者的交易行为一一映射在数字空间，实体空间与数字空间构成平行系统。平行系统根据实体空间的动态变化，将每个微观个体的行动记录下来，这部分记录通常是利用数字技术的全样本精确数据，通过复杂建模，将微观映射到虚拟空间，实现对人和社会的系统影响。不但可以得出微观主体的特点，而且还可以得出宏观层面的整体模型、运行规律，通过虚拟人为设定条件的变坏，反馈到实体空间指导其未来运作，随着数字空间的形成，流通环节掌握了生产与消费的行为，双向匹配逐渐趋于信息完全，为精准匹配提供了前提。

此时，流通环节形成了实体经济空间与数字经济空间，实体经济空间依据其功能的差异细化为建设性经济空间和破坏性经济空间，建设性经济空间与破坏性经济空间一一映射形成数字经济空间。数字经济空间通过与实体经济空间协同演化、闭环反馈和双向引导，实现对实际系统的目标优化。此时，数字经济空间可以借助机器学习与智能商务，实现精准匹配，降低流通费用，实现资源优化配置，发挥建设性经济空间机制。相反，它也可以借助数字经济空间，损害对方利益或者降低市场资源的配置效率，其结果是助推了破坏性经济空间机制的发挥。"数据向善"还是"数据向恶"取决于流通主体的选择。

三、流通形态的拓展

形态主要指形式或状态，是事物的外在表现，传统流通形态主要是生产与消费的中间环节，衔接供需，双向匹配。随着流通形态的演变，流通环节逐步演化为底层平台。上述已经对双边市场进行了界定，双边市场相对于单边市场的典型差异在于其调整的主动性。从本质上来说，市场是一种组织形式或制度安排，可以使物品买卖双方之间进行互动，并且通过互动决定交易价格和交易数量。相比于单边市场，双边市场使双边用户或多边用户的互动在类型与数量上更加丰富，提供了传统市场所无法触及的商品、服务。平台企业在双边市场上发挥着重要作用，可以通过信息技术的应用，达到个性化定制产品和提供服务（包括技术支持）的目的，利用数据使生产者和消费者精准匹配。

除了价格机制，市场还存在供求、竞争、风险机制等，尤其是竞争机制，供求机制创设了建设性经济空间，竞争机制创设了破坏性经济空间，对于生产与消费直接见面的单边市场而言，其形态无法为上述机制作用的发展提供经济空间。传统单边市场除了价格机制外，对参与主体是无能为力的，所以需要将市场形态进行拓展。既然流通已经下沉为生产与流通交易的底层平台，那么市场已经逐步由单边市场转化为双边市场。双边市场除了传统的线下平台，还有线上的 B2B、B2C、C2C、O2O 模式，此外还有大量的围绕生产领域的要素交易平台与生产性服务交易平台，线上平台与线下平台深度融合，逐渐形成覆盖全社会的平台体系。

双边市场不仅使交易撮合形成价格，更为关键的是双边市场同时具备其他单边市场不具备的功能。比如，双边市场可以将更多的需求、供给双方集合起来，拓展市场的覆盖面，打破传统信息壁垒，从而促进有效竞争，节约资源利用。具体而言，双边市场具有很多的机制调节交易，从而实现有效竞争。第一，双边市场的价格结构非中性使平台通过补贴机制，调节交易双方的数量与结构，实现交叉网络外部性；第二，平台具有显著的交叉网络外部性，即平台一侧的用户数量直接决定与之需求互补的另一侧的用户水平，并且其具有累积因果关系的特征，导致交叉网络外部性显著增强。相对于单边市场，双边市场具有更多的工具组合，可以在更大程度上促进平台上企业的有效竞争，实现供需的高效匹配，实现资源的优化配置。

综上所述，平台有不同于传统交易中介的独特内涵，可以理解为一种利用新的大数据技术形成的商品或者服务，该项商品或服务必须可以提供某个瓶颈功能，能够解决企业的某个现实问题。其包含了许多促成交易的组成部分，具有稳定性、通用性、可扩展性等特点。针对不同交易对象，提供不同的接口，这些接口可以和其他平台连接，使平台间功能互补，构成更大的平台系统，也可以通过对接口的改变、限制，使功能多样化，给予需求方多样的选择方案。

第二节　基本假设

一、流通主体假设

学术界对生产、流通变革的驱动力已趋于一致，普遍认同消费者变化具有基础作用。从消费者需求特征来看，由过去的排浪式需求转为个性化、多样化需求。传统消费者需求热点比较集中，一段时间内以一种商品为主，符合新古典经济学同质化消费者的假设。随着信息技术的发展，消费者多样化、个性化需求趋势明显，线上渠道开始提供长尾商品以满足消费者的个性化需求，由于线上渠道打破了空间限制，使其经营长尾商品有利可图，信息技术的发展使制造商与消费者的双向互动成为可能，交易成本逐渐降低，为厂商大规模定制与个性化定制提供了技术基础。

从消费者购买行为发生的时间和空间来看，其购买行为离散程度增加。在数学概念上，离散主要指不连续，消费者购买行为的离散主要体现在购买行为发生的时间、空间的不连续特征上。传统消费者的购买行为受固定时间、固定地点的时空约束，消费者的消费需求主要集中于固定的线下渠道，零售商客户关系管理的重点是建立用户忠诚计划；同时，其购买时间也相对集中，零售商可以在周末、节假日进行促销以增加销量。随着移动互联网技术、智能手机、购物平台的普及与应用，消费者的购买行为逐渐摆脱时空约束，实现了随时随地购买的可能。这些技术使需求方的行为更加碎片化、离散化，传统连续的需求函数已经不能适应现实的发展，而是呈现出离散网络特征。信息获取方式相较以前大有不同，过去个体获得信息的途径只能通过电视、报纸、传单等方式，这些方式令消费者处于被动的境地。如今，渠道变得多种多样，大众平台的兴起使消费者能够参与到交易市场中去，并提供关键切实的评论，为其他消费者买卖提供信息。所以，随着互联网的普及，多种渠道可以提供交叉验证的信息，得出更高质量的信息，于是，信息获取进入全渠道阶段。但是，纷杂的信息来源也会给消费者带来更大程度的信息不对称，使其更加迷惑。这时，消费者个人能力有限，需要大数据、云计算、人工智能参与交易过程，完成数据收集、清理、分析、决策，并根据不同消费者的特点定制不同的备选方案。信息技术应用为消费者的信息收集、处理提供了来源与便利，提升了消费者的信息能力。消费者充分利用零售商提供的接触点，渠道使用能力逐渐增强，他们可以更高效地完成购买决策过程，选择最适合特定场景需求的接触点（Hansern and Sia，2015）。消费者渠道运用能力的增强，意味着全渠道时代的来临（施蕾，2014）。

从消费者权利来看，消费者增权成为不可逆转的趋势。在传统零售活动中，零售商是供应链的起点与终点，订单与物流的起点与终点都是零售商，零售商处于主导地位。现阶段，消费者是产品供应链的起始点和结束点，一次交易形成的订单也从过去的线下实体代售点转为线上的消费者。因此，消费者实现自身的权利增加可以通过低成本地获取、交换有关交易的信息和消费者之间的联合。消费者对其他渠道成员决策的影响力逐步增加。传统消费者有宏观上所定义的权力存在和微观现实空间中无法行权的矛盾，即消费者从理论上看存在影响渠道成员的权力，但在实际运行过程中缺乏运用权力的可能。信息技术的应用使消费者有效联合，改变了消费者个体与企业间地位不对等的劣势，使消费者成为整体，继而面对企业，他们行使奖惩权不再是无能为力，企业将无法忽视消费者有效联合带来的增权。信息是增权的基础，消费者只有通过收集信息、提高自己信息处理的能力，才能减少信息不对称，改变自身在交易中的不利地位。消费者之间的相互交流可以提升各自的专业化程度，使交易的根本原则，即消费者的主体性地位回归，这是经济持续发展的要求。在消费主权时代，零售渠道整合逐步由面向渠道成员向面向消费者转变（Lewis and Dart，2010）。

如果消费者出现上述特征变化，那么如何科学定义将成为研究的难点，不确定性理论对消费者特征变化具有较强的解释能力。在微观经济学中，消费者需求函数是一系列受预算与商品价格约束的连续函数，不同消费者需求函数没有本质区别。在现实生活中，不同消费者需求函数截然不同，消费需求是零散无序的，选择一个商品不仅受预算约束，还受消费习惯、流行时尚、商家活动、时间空间、便利性等因素的影响，消费需求往往具有随机性与偶然性。加之其需求特征、时空属性、信息获取的随机性本源行为和不可预期的变化，消费者需求不确定性程度显著提高。消费者在一次交易中会考虑商品质量、交通便利性等特点，会选择不同的流通渠道，因此会表现出更复杂的需求行为（Fulgoni，2014）。这里，我们将消费者在购买行为过程中体现出的随机性本源行为和不可预期的变化定义为消费者需求不确定性，具体指消费者的需求特征、需求发生的时空属性剧烈变化程度以及组织对消费者需求进行预测的困难程度，属于一级不确定性。库普斯曼将经济组织的核心问题描述为处理不确定性，将不确定性划分为一级不确定性与二级不确定性。一级不确定性来源于消费者偏好随机性本源行为和不可预期的变化，二级不确定性是由缺乏沟通导致的，某个决策者无法知晓其他人所做出的决策与计划。

为了进一步理解消费者需求不确定性，接下来将风险与不确定性进行对比。经济学研究往往混淆风险与不确定性，奈特在其书中开始有意对风险与不确定性进行区分，其区分风险与不确定性的目的是阐释企业存在的目的。他认为，两者的本质区别在于是否可以度量，风险是可以通过概率估计得出结果的，是可以度量的；而不确定性是难以进行概率估计的，是不可以度量的。因此，人们往往对不确定性无能为力。奈特所指的前者是事先可以合理预见的变化，后者对应的是事先不可合理预见的变化（弗兰克·奈特，2011）。凯恩斯认为，经济决策都是在不确定的条件下做出的，其批评新古典经济学将不确定性转化为风险，赋予一个确定的和可以计算的简单形式。凯恩斯在《概率论》中指出，风险是可以预测的，而不确定性则不可以。

风险的概率分布是可知的，数量是可确定的，而不确定性则没有已知的概率分布，是不可确定的。哈耶克（2015）对不确定性和风险的区分是清晰的，其认为，在不确定性条件下，预测在最好的情况下也是不确定的，而在最坏的情况下则是不可能的，不确定性是不能被消除的，它是自由市场的根本特征，将经济现象数学模型化是不切实际的幻想。新制度学派对不确定性研究的贡献是承认不确定性的客观存在，因此，需要通过创新制度来降低不确定性，正如诺斯认为的，制度恰好能够设计一系列规则来降低环境的不确定性。

风险与不确定性的表面差异在于是否可以度量，但其背后的差异主要体现在如下方面。第一，经济活动主体的同质性与异质性假设，风险可度量的前提是经济活动主体是同质的，是可以分类的，所以才能通过概率进行估计；而不确定性不可度量的前提是经济活动主体是异质的，不存在分类的可能。从概率角度来讲，可度量的是同质之量，不可度量的是异质之量（姜奇平，2019），即奈特所指的"对事例进行任何分类的可靠基础都不存在"。第二，风险、不确定性对应着人的物性（理性）与能动性（自由），人的理性的风险是非能动因素，可以通过理性计算化解；而能动性的不确定性只能通过逐步完善的技术手段降低。第三，奈特分析风险与不确定性是为了说明企业与利润的来源，与熊彼特关于资本家和企业家的区分在内在是一致的。熊彼特通过是否创造新价值，区分了资本家与企业家，资本家不创造新价值，是物质循环流转的承担者；而企业家创造新价值，是创新的承担者。经过新熊彼特学派的数学表述，进一步辨析出前者的均衡点在 P＝MC（新古典经济学的零利润均衡点），后者的均衡点在 P＝AC（张伯伦理论中的正的经济利润点），AC 与 MC 的利润差，被称作熊彼特剩余，是差异化创新的回报。对应于奈特的研究，资本家承担风险，并不创造新价值，其仅仅是物质的循环流转承担者，其对应着新古典经济学的零利润点。企业家为了满足异质性需求与人的能动性需求，产生差异化创新行为，获得剩余，即奈特所指的利润来源。

传统流通主体面对的消费者是同质的，可以分类，可以在同质化假定这个大原则下找到规律，从概率论角度看其购买行为（商品、时空等）是可以预见的，因此，可以由理性的因果逻辑化解。此时，零售商面对可度量的不确定性——风险，仅仅负责物质的循环流转，零售商不创造新价值，仅仅在 P＝MC 处实现均衡，没有经济利润可言。随着消费者行为的变化，流通主体面对的消费者是异质的，由于其不存在同质性基础，难以分类并合并同类，按照奈特的解释"对事例进行任何分类的可靠基础都不存在"，在理性层面是不可解的，只能通过相关技术（如大数据、人工智能）来化解，此时，流通主体面对的是不可度量的不确定性。零售商一方面要进行产品创新，另一方面要进行服务体验创新，满足消费者不确定的新价值，在 P＝AC 处实现均衡，实现正的经济利润。确定与不确定是一对相对概念，是相对人的主观判断而言的，如果人们能够对事物未来可能产生的结果或结局做出准确判断，其结果就是确定的，否则就是不确定的（陈克文，1998）。

通过对风险与不确定性的辨析，现阶段流通主体同时面对风险与不确定性，只是风险与不确定性的比重与过去不同。理性人的假说是不符合现实的，从主观来说，每个人的理性都是有限的；从客观来说，信息不对称的存在增加了人认知的障碍。对此，不对称性可以表现为两种情形，分别为知道事件发生的可能性（概率型不确定性）和不知道事件发生的可能性（非概率型不确定性）。非概率型不确定性在理性层面是不可解的，但由于信息技术的变革（相较于奈特所处的时代），通过相关技术（如大数据、人工智能）是可以化解的。所以，随着信息技术的变革，人们对非概率型不确定性也并非无能为力。

消费者需求的不确定性增强，对流通过程将产生显著的影响。随着消费者需求不确定性程度的提高，流通主体会根据消费者的需求不确定性进行商品、服务的差异化创新（这里的服务是指品类服务、区位服务、交付服务、环境服务、信息服务、金融服务等，而商品包括搜索商品与经验商品），获得熊彼特租金，而不是仅仅作为物质循环流转的提供者，分享其他渠道成员的微薄利润。在消费者不确定性需求与流通主体差异化供给之间，需要流通渠道提供双向匹配。消费者可以借助流通渠道进行信息收集和处理，找到流通主体提供的差异化商品与服务组合。在双向匹配过程中，流通渠道除了是商品与服务的载体之外，还被赋予信息传输通道的作用。在购买过程中，流通主体作为客体，消费者作为主体，流通主体（信源）要将商品与服务信息通过流通渠道传输给消费者（信宿）。线上渠道通过沉淀消费者口碑、评价，线下渠道通过面对面交流，实现信息传输的作用，满足消费者的信息收集要求。对应于售卖过程，流通主体作为主体，消费者作为客体，流通主体需要了解消费者的信息，消费者在购买过程中会在流通渠道主动沉淀行为数据、交易数据与传感器数据，实现从消费者（信源）到流通主体（信宿）的信息传输过程。流通渠道整合的首要动因是提供信息传输通道，流通过程的本质就是信息传递沟通的过程，没有信息的传递和沟通就不会有流通。

　　随着消费者需求不确定性程度的提高以及流通主体差异化创新进程的加快，流通主体与消费者都需要通过流通渠道来获取有效信息，消除不确定性，提高流通系统的有序程度。在售卖过程中，流通主体为了消除消费者需求不确定性，降低消费者信息熵，需要搜集消费者所有的行为数据、交易数据与传感器数据，建立完备的消费者数据库，因此，必然要进行全渠道布局，并实现跨渠道整合。在此基础上，流通主体通过大数据技术、人工智能技术，可以实现对消费者需求不确定性的概率测算，不断降低消费者信息熵。对应于购买过程，由于流通主体差异化创新进程的加快，消费者为了消除流通主体供给的不确定性，降低流通主体信息熵，需要获取有效信息，提高信息处理水平。流通渠道整合为消费者信息收集提供了完备的口碑、评价等信息，消费者利用复杂的决策网络加强了有效信息的收集能力。流通渠道整合提供的智能推荐、数据可视化，提高了消费者的信息处理能力。消费者借助流通渠道整合提供的复杂的决策网络与数据智能，可以降低流通主体信息熵。当消费者购买行为与流通主体售卖行为统一时，消费者和流通主体将互为主体与客体，流通渠道的作用是提高双向的信息收集与信息处理能力，降低双向熵值，即降低消费者与流通主体构成的流通系统熵值，消除双向不确定性。综上所述，流通渠道整合的根本动因是提供消费者与流通主体双向匹配的信息传输通道，同时提升双向信息收集、处理能力，降低流通系统信息熵，消除双向不确定性，提高流通系统的有序程度。零流通渠道整合过程是从消费者、流通主体无序开始，通过信息交互，构建一种新的有序过程。伴随流通系统信息熵的降低，流通主体与消费者之间的交易费用普遍降低。围绕商品与服务交易，消费者可以随时随地收集信息，完成交易评估，降低交易费用。流通主体可以通过数据沉淀，高效识别潜在消费者，提供差异化产品与服务，降低交易费用（见图3-2）。

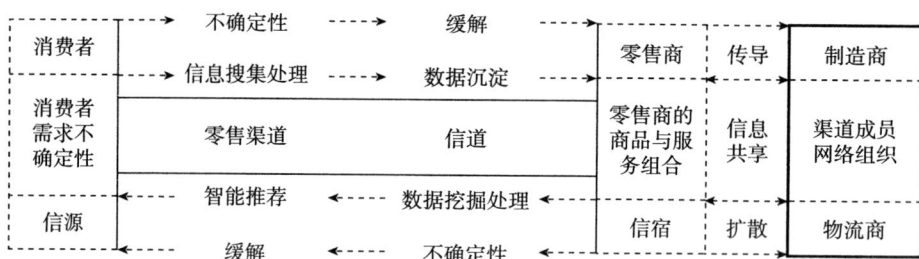

图3-2 需求不确定性及其影响

　　流通渠道整合是流通主体缓解消费者需求不确定性的适应性行为。除了流通主体之外，其他渠道成员也直接面对消费者需求不确定性，消费者需求不确定性将在渠道成员内部与渠道成员间传导，在渠道成员间沿着社会网络中的利益链在关联的制造商、金融机构、物流服务商等企业间转移，渠道成员内部沿着企业业务部门实现转移，以需求不确定性传导为基础，实现需求不确定性在更大范围扩散。

　　上述内容分析了消费者需求不确定性经过流通渠道传导给渠道成员的过程。除流通主体之外，制造商直接面对消费者个性化、多样化需求特征的变化。消费者需求不确定性的增强将驱动制造商生产新产品，从而提升产品的多样性。新古典经济学的创始人马歇尔认为，产品的多样化趋势是经济增长的一个主要原因。在消费者权利增强时，企业可以推出差异化产品、服务来应对消费者，建立新的信息不对称，这可以称为企业抗衡力。由于制造商主动进行大规模定制、个性化定制，产品生命周期越来越短，在手机、服装、汽车等传统制造行业，产品迭代速度显著加快，每年推出一款显著性迭代产品已经成为惯例，因此，产品生命周期缩短成为普遍趋势。

面对消费者需求不确定性，服务提供商也需要与差异化创新相适应，满足消费者物流服务、消费信贷服务、大数据服务的需求。从需求特征来看，消费者个性化、碎片化需求明显；从时空特征来看，消费者购买行为发生的时间、空间离散，导致物流服务发生了根本改变。物流服务商需要在接触点、物流体系与退换货体系等领域与其相适应，直接导致物流服务商面对的不确定性增加。随着流通整合的深化，物流服务商可能成为与消费者直接接触的唯一实体接触点，其服务水平影响渠道整合的质量，对物流服务商的服务水平提出了更高的要求。从物流体系建设来看，消费者个性化、碎片化物流服务需求特征明显，要求流通主体与物流服务商对终端配送中心、线下实体门店、共同配送中心等进行重新优化配置，以满足消费者越来越高的物流效率与用户体验要求；从退换货体系来看，当出现需要退货的商品时，物流服务要予以保障，使消费者在不同途径购买的商品可以在相同或不同的途径退回，这时物流配送需要做到销售前后的交叉服务。消费者需求不确定性要求金融机构提供多元化的支付选择与消费金融解决方案，同时，面对渠道成员要开发更多的金融选择。消费者需求是不确定的，其数据离散于各个渠道、接触点与场景，同时，产生行为数据、交易数据、时空数据等不同属性的数据，所以，大数据服务商构建单个消费者全样本数据库的难度提高。物流服务、消费信贷服务、大数据服务不仅仅局限于一次购买过程，消费者需求随时间推移而变化，要求服务体系不断迭代，后续每次购物过程中所获得的支持和服务都要比上一次更加完善和周到。

消费者需求不确定性提高，需求的变化更加频繁，此时，流通渠道成员必须保持良好的合作态度和积极的共同改进行为，以适应消费者需求不确定性。网络组织是科层组织与市场组织渗透的结果，可以有效缓解消费者偏好的不确定性，是零售渠道整合过程主要的组织形式。零售渠道整合过程中的交易条件发生了显著变化，消费者需求不确定性下降，采取纵向一体化具有较高的风险，并且企业难以掌握全部的资源（能力），而完全采取市场组织形式又无法满足产品与服务的差异化要求。企业需要结合科层组织与市场组织，通过紧密合作的外包网络，既解决资源（能力）束缚，又满足差异化要求，快速应对消费者需求不确定性的变化。网络组织的存在就是为了应对不确定性。随着消费者需求不确定性程度的增强，消费者需求不确定性通过渠道成员的业务链、利益链形成的社会网络转移并蔓延至各个业务功能节点，甚至整个利益链上的合作伙伴。如果渠道成员形成紧密合作的经济组织，则可以将不确定性转化为收益，否则将通过不确定性的传导、扩散，导致渠道成员的经济利益会受到损害。

二、流通客体假设

由于消费者需求不确定直接影响流通客体，流通客体异质性增强，服务产品比重增加。商品异质性增强，服务产品比重增加，直接传导到生产领域，生产领域需要更加差异化的要素投入生产环节，进而增强要素差异化水平。从流通客体来看，新古典经济学对流通客体的假设实质上是物理学的"原子论"，即商品是同质的、无联系的。但随着流通环境从工业时代转变到网络时代，流通客体发生了本质的变化，具体体现在商品的异质性与服务产品的增加方面。

商品的异质性。消费者需求不确定性的显著增强，导致的直接结果是商品的个性化趋势增强，由过去的模仿型排浪式消费特点转化为个性化、多样化消费特点。除了异质性之外，从纵向角度来看，商品更新换代的速度得到了提高，进一步强化了商品的异质性。随着收入水平的提高，服务产品相对于传统商品而言，具有较高的收入弹性特征，导致服务需求增加。对于生产环节，生产性服务的中间投入比重也显著提高。通常认为服务具有如下特征：无形性（Intangibility）、不可分离性（Inseparability）、异质性（Heterogeneity）和不可存储性（Perishability），简称服务的 IIHP 特征。通常研究者认为，无形性是服务产品的基本属性，由其派生出其他属性。但从经济学的角度来看，服务产品的无形性不是其基本属性，相对于无形性而言，是否具有异质性恰恰才是其基本属性。上述分析了服务产品的特征与分类，服务产品具有显著的 IIHP 属性，这些特征对服务产品的经济学分析产生了哪些影响？哪些影响是显著的？从服务的 IIHP 属性来看，其经济学影响最显著的是异质性，由于生产与消费同时进行，生产者与消费者对服务产品均有不同的理解，导致服务产品往往是异质的。从现实生活中看，无论是生产服务还是消费服务，相较于实体商品，均存在不同程度的差异，而且个性化定制也成了服务厂商的主要策略。新古典经济学隐含的基本假设是商品是同质的，需求量的加总形成市场需求，供给量的加总形成市场供给，市场供给与市场需求交叉形成均衡价格，价格竞争成为新古典经济学主要的竞争策略。服务产品异质性的假设导致其无法嵌入新古典经济学的基本框架，异质性服务产品的需求和供给的加总失去了数学意义，均衡产量与均衡价格如何决定？市场均衡是如何达成的？

　　我们从某一次服务产品供给与需求信息撮合的过程来看，服务供给与服务需求彼此间是信息完全的，其供给与需求过程完全符合新古典经济学生产与消费直接见面的基本逻辑。我们知道一次商品供给与需求的过程是需要流通环节存在的，生产与消费是无法直接见面的。从单次供给与需求的匹配过程来看，其完全符合新古典经济学的假设，但完全信息的假设是理想化的。由于生产者与消费者彼此之间存在信息不对称，因此，交易费用是普遍存在的，我们知道通过机制设计是可以在一定程度上缓解信息不对称、降低交易费用的，那么是否可以完全克服信息不对称的影响，答案是否定的，机制设计不能完全克服信息不对称。信息技术的普遍应用为消除服务产品供给与需求之间的信息不对称提供了可能，网络技术、大数据技术、人工智能技术、区块链技术等信息技术在服务产品生产与需求过程的普遍应用，在一定程度上实现了生产者与消费者的信息完全，具体原理在其后的章节中将具体阐述。如果单次服务产品的生产与消费完全符合新古典经济学的基本假设，那么其市场均衡是如何实现的呢？

从服务产品供给与需求匹配到市场均衡的过程不是一蹴而就的，中间需要经历动态均衡过程。由于单个服务生产者的供给是实时变化的，因此，消费者的服务需求也是不断发生改变的，均衡是一个动态变化的过程，我们将其定义为动态均衡。动态均衡是指服务产品的供给与需求随时间推移而变化时所处的均衡状态。两两均衡经过动态均衡，将直接产生全局均衡（市场均衡）的结果，市场上全部服务产品的供给与需求两两均衡，随着供求的不断变化，逐步转向动态均衡，动态均衡的结果是每个时间、每个地点（时空）都可实现均衡。关于服务供求与均衡的数学基础将在其后的章节逐步展开。

除了服务的异质性之外，服务的无形性与异质性也派生出服务产品的另一个关键特征，即服务产品的关联性。实体商品在供给与需求的过程中具有显著的性状，商品需求者可以直接接触做出购买决策。但服务产品是无形的，其没有可供接触的性状，那么在首次供给与需求匹配的过程中如何做出决策呢？这就需要其他消费者的关联性信息为决策提供依据。服务产品不同于普通产品，消费者在购买服务时，购买和消费会在同一时刻发生，这会导致消费者在消费前无法了解服务的质量，此时，购买过该服务的其他消费者形成的经验尤为重要，消费者之间彼此互动，增加彼此的关联度，从而可以降低信息不对称，有利于促进交易的完成。服务消费的比重越来越大，信息搜索的重要程度越来越高。由于服务产品是异质的，而且随着时空的变化而逐步改变，因此，从市场结构来看，服务产品的厂商间是垄断竞争关系，其决策相互影响。服务产品的关联性是指服务产品内嵌到复杂网络中，具有典型的网络外部性，导致均衡偏离了新古典经济学中需求与供给的均衡。关联性导致的直接结果是，否定了新古典经济学的"原子论"假设，即商品之间是无关联的，其相加的结果不再是严格的机械总和（1+1≠2），而是产生更大的价值，称之为网络外部性，通常随着一方用户的增加而产生更大的价值。现阶段，服务厂商开始利用服务产品消费的网络外部性，增强其经营绩效。

商品（包括服务商品）的异质性与关联性，直接通过供应链向要素流通领域传导，商品的异质性和关联性要求要素流通领域汇集差异化的要素供给与生产性服务供给，传统的要素流通体系面临着重构。同时，产品与服务更新迭代速度的加快，要求要素流通快速响应，将差异化要素与生产性服务的需求传导给厂商。面对商品（包括服务商品）的异质性与关联性，部分流通环节尝试变革。流通企业聚集到一起形成规模优势，可以和生产者对接，减少过去冗余的中间环节产生的费用，对市场做出快速反应，实现供给与需求的更好匹配，从而达到低价与品质的平衡。

三、流通环境假设

流通环境是影响和制约流通机制发挥的外生变量，流通环境可能会给流通环节带来机遇，也可能带来挑战。本章主要探讨与流通机制发挥密不可分的经济环境、政策环境与制度环境。

经济环境。当前，我国受新冠肺炎疫情的影响虽然变小，但是仍然不可忽视，各地经济都受到了影响。除疫情之外，国际环境也不容乐观，中美贸易战已经成为常态，"卡脖子"问题突出，高科技领域还是有所欠缺，阻碍了我国经济的发展。基于客观现实，需要建设现代流通体系才能满足双循环新发展格局的国家创新战略的要求，建设国内外双循环的市场接口。

政策环境。2020年9月9日，习近平总书记主持召开中央财经委员会第八次会议，研究畅通国民经济循环和现代流通体系建设的问题。此次会议首次将流通问题放到国家议题中，流通问题上升为国家战略，并提出了流通效率与生产效率同等重要的科学论断。因此，商务部表示，要从提升流通网络布局、提升流通基础设施、提升流通主体竞争力、提升流通发展方式、提升内外贸一体化程度五个方面，构建现代流通体系。可以预期，中国将进入新一轮流通革命，密集出台支持政策。

制度环境。流通领域的制度建设滞后于流通实践是一个普遍现实。在平台竞争、数据产权、数据使用等领域缺乏制度体系，在法律法规设计、体制机制创新和标准制定等方面还有相当大的空间。制度环境建设滞后的结果是，流通主体往往发挥破坏性经济空间机制作用，影响商品、资源、要素的优化配置，限制社会福利水平的提高。

四、流通技术假设

从信息技术来看，互联网技术、移动互联网技术、物联网技术为零售渠道整合提供了直接渠道来源，信息技术的迅速发展极大地增加了消费者在任何时间、任何地点选择商品与服务的机会（Rangaswamy and van burggen，2005）。传统线上渠道得益于互联网技术的发展，而移动互联网技术的应用产生了即时通信、社交网络、视频直播等渠道来源，物联网技术为无人零售渠道的产生提供了即时的数据采集与通信技术。信息技术在零售领域的应用为零售渠道细分与差异化匹配提供了可能，通过对商品（服务）与消费者数据的分析与应用，可以实现在线上渠道、线下渠道提供差异化商品，满足不同消费者在不同时空对商品与服务的需要，实现零售渠道整合的目的。同时，大数据、算法、云计算、人工智能等信息技术提供了渠道资源优化配置的可能，基于零售渠道整合，可以实现商流、物流、资金流的动态优化，降低零售渠道整合过程中的时间成本与空间成本。

从零售基础设施来看，零售领域的技术变革充分体现在零售基础设施的不断完备方面。零售基础设施是围绕零售活动需要而建立的社会化服务设施，其具有准公共物品的经济学性质，可以降低零售企业平均经营成本与交易成本。淘宝、京东、亚马逊等平台零售商都将自身定位为零售基础设施服务商，提供平台、物流、金融、信用、大数据和云计算服务，满足零售活动的商流、物流、信息流、资金流活动的需要。不断社会化、专业化的零售基础设施可以为零售渠道整合过程提供即插即用的物流服务、金融服务、数据处理服务，确保线下渠道、线上渠道、社交网络渠道、即时通信渠道等具备完整的渠道功能，从而实现从跨渠道零售向全渠道零售的演化。在零售领域，基础设施的完善打破了传统企业边界，使各类资源可以在零售环节中更加自由、优化的配置。中国不断完善的物流、支付、平台等零售基础设施，使部分零售活动的服务效率甚至超过了欧美等发达国家，成为渠道整合的推动引擎（翁怡诺，2018）。

第三节　变量界定

在上述假设的基础上，对本章所涉及的相关变量进行界定，尤其是微观经济学研究中的具体变量与代理变量。

一、流通

本书所指的流通是狭义的流通，具体是指满足生产厂商生产所需的要素与生产性服务的交易过程，以及厂商将产成品转移到消费者手里的过程。具体到微观活动，主要对应于供求交易中供给和需求双向匹配的过程。本章具体强调的问题主要包括单个供给与需求双向匹配的过程和流通环节在双向匹配过程中的作用。

二、经济空间

本书认为，流通过程中中间组织的主要作用是提供经济空间。这里的经济空间是在传统实体空间（鲁品越，2016）的基础上，根据实体空间的动态变化，将每个微观个体的行动记录下来，这部分记录通常是利用数字技术的全样本精确数据，通过复杂建模将微观映射到虚拟空间，实现对人和社会系统影响的建模。通过实际与人工系统的协同演化、闭环反馈和双向引导，实现对实际系统的目标优化。流通过程实际创设了实体经济空间与数字经济空间，其实质是复杂自适应系统理论和复杂性科学中所指的平行系统。

实体经济空间：上述已经说明，实体经济空间主要是指建设性经济空间和破坏性经济空间，我们从具体的交易过程出发，更大程度上发挥建设性经济空间的作用，利用创新制度克服资本逐利导致的破坏性经济空间的不利影响，在人与人、人与物、物与物交互的过程中，交织形成利用实体经济发展的经济空间。

数字经济空间：在人与人、人与物、物与物交互的过程中，其行为将沉淀在网络之上，这里的网络主要指计算机网络、互联网与物联网。通过大数据技术的挖掘、清洗、脱敏、整合，在数据库中形成交互行为一一对应的数据，为相关关系与决策产生提供依据。图3-3描述了数字经济空间的形成过程。我们抽象出了一个典型的流通场景，由制造商、消费者、零售商和其他服务提供商共同构成。上述流通主体及其相互作用构成了实体经济空间。随着计算机网络、移动互联网技术的普及应用，通过物联网采集数据的流通活动显著增加，各流通场景、流通环节普遍应用物联网技术采集流通活动数据。此时，在网络技术的普及应用下，形成了实体经济空间与数字经济空间相互映射的平行系统。流通环节依托其数据优势，沉淀海量交易数据、行为数据与传感器数据，根据数据整合与数据处理，数据经济空间体现的实体经济空间的相关关系逐步清晰呈现，为大数据决策提供了相关关系基础，因此，数据经济空间具备控制实体经济空间的可能。

上述从抽象的角度阐述了经济空间的构成，下面主要围绕商流、物流、资金流、人员流等将经济空间具体化，经济空间主要包括交易平台、物流平台、社交平台、金融平台、数据平台等（见图3-4）。

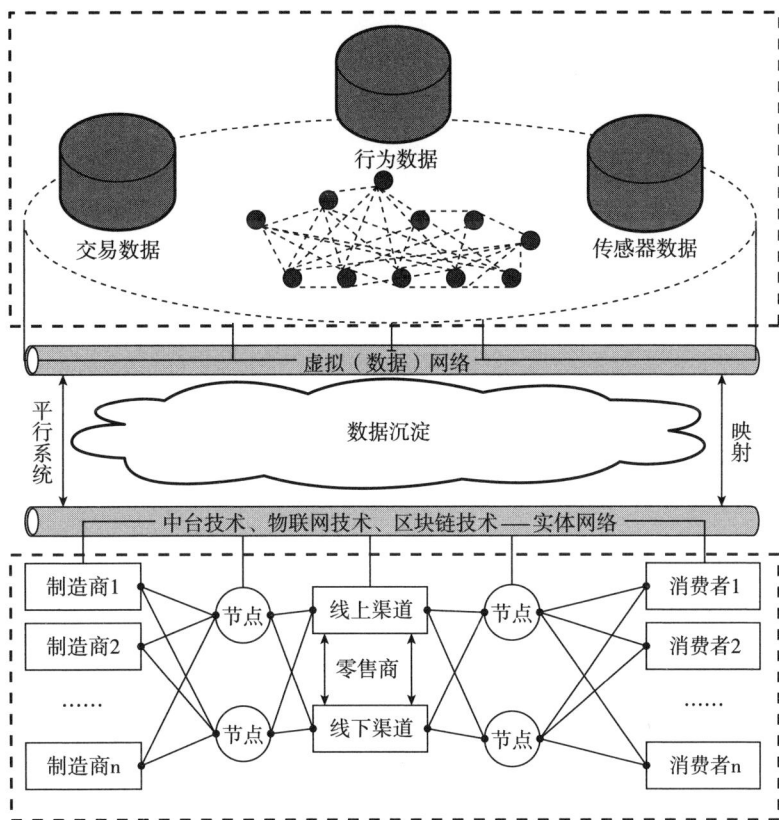

图 3-3 数字经济空间的形成机制

图 3-4 是经济空间的构成，经济空间由交易平台、物流平台、数据平台、金融平台、物联网平台、社交平台、其他第三方平台组成。交易平台的 C2B 模式，即消费者到企业模式，消费者提出价值主张，企业按需定制。物流平台是通过智能骨干网络连接物流企业、仓储企业、第三方物流服务商、供应链服务商来实现全社会物流供需双向匹配的。金融平台将面向供应网络资金需求，实现普惠金融和精细化管理，发展的核心是支付、信用、供应链金融等。社交平台是实现双向交互的基础，具体包括即时通信与社交网络等。物联网是实现经济空间物物连接与交互的核心，以共同标准形成覆盖流通供应网络的物联网是经济空间智能化的基础与核心。其他第三方平台是经

济空间的有效补充，是经济空间的黏合剂。数据（信息）平台的实质是数字经济空间，是实体经济空间的先导，信息具有二重性，任何信息都代表着相应的流通活动的要素、资源和事物，反映着零售主体的存在、活动与关系。信息是流通物质存在的反映，同时也是实际存在和变化的资源、活动和行为，即具体流通服务。流通领域的任何活动将产生具体信息，实现信息集聚，通过大数据、云计算将集聚信息生成引导流通活动的具体服务和产品，全面服务经济空间运行。经济空间在演化过程中将具备如下特征。

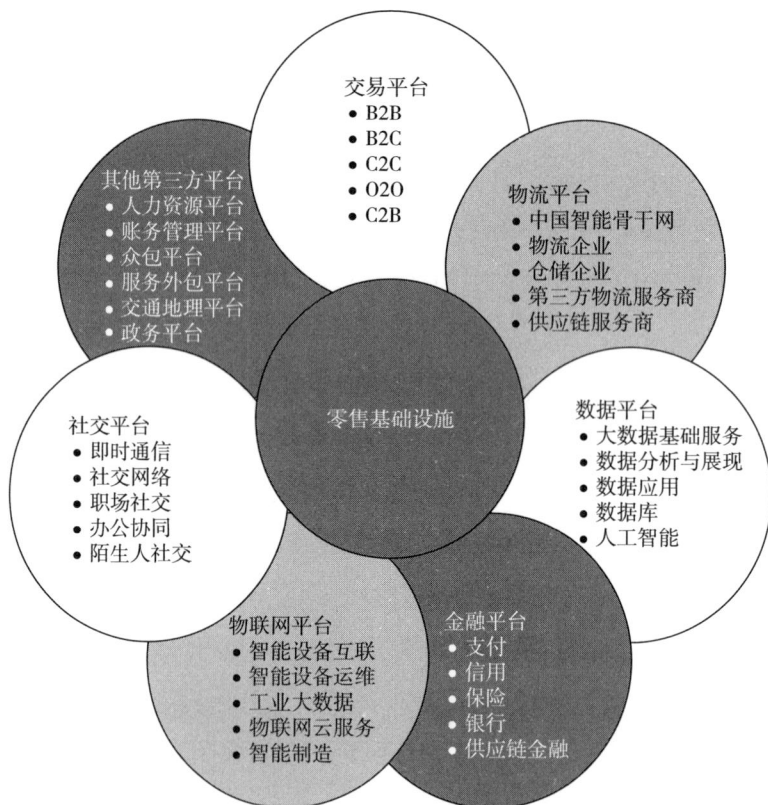

图 3-4   经济空间具体化

（1）平台化。平台即双边市场，双边市场的判断标准包括价格结构非中性、平台结构、交叉网络外部性特征（Rochet and Tirole，2006）。从商业基础设施的演化来看，交易平台、物流平台、数据平台、金融平台、物联网、社交平台双边市场特征明显，由专业价值平台形成的服务全社会的商业基础设施的双边市场特征也逐步清晰，交叉网络外部性更显著。以物流平台为例，成立于2013年的菜鸟物流，其成立的初衷是建设一个数据驱动、社会化协同的物流及供应链平台，在全国范围内形成一套开放共享的社会化仓储设施网络，为各类企业和消费者提供物流服务。从双边市场的基本条件来看，物流平台上多类用户通过平台进行交易，物流参与企业与仓储节点的增加会增加其他参与主体的价值。从价格结构来看，通过调节参与主体的价格结构，会增加物流交易量，针对末端代办点、公共自提点不足的问题，菜鸟物流大幅度补贴菜鸟驿站，通过价格结构调整参与主体的数量与物流交易量；从商业基础设施来看，其双边市场特征更为明显，服务对象扩展到全社会零售参与主体，任何参与主体的数量、质量都会影响其他参与主体效用的提高，商业基础设施平台通过价格结构调整参与主体的数量、质量，从而达到商业基础设施均衡与高效匹配。

（2）网络化。从零售业态演化的历史进程来看，商业基础设施演化呈现出内置化—社会化—网络化的趋势。平台化是商业基础设施的基础与承载，而承载的参与主体、节点将实现网络化。平台化是网络化的基础，网络化是平台化的演化动力。商业基础设施的平台化，承载着全社会零售业参与主体与节点，参与主体和节点的信息交互，将构成系统性与交互性，进而形成商业基础设施网络。商业基础设施网络的形成，将进一步吸纳零售参与主体和节点的深度融合，交叉网络外部性进一步增强，商业基础设施的兼容水平提高，促使商业基础设施平台向高水平的均衡演化，零售业态网络化是其平台化的演化动力。

（3）协同化。网络化使商业基础设施除了拥有自有价值外，更突出的价值体现于协同价值。商业基础设施的自有价值来源于其使用价值，交易平台、物流平台、数据平台、金融平台、物联网平台、社交平台、其他第三方平台产生的目的是解决商品流通过程的商流、物流、信息流、资金流、人员流问题，商业基础设施保障了产品从生产到消费的价值实现。而各类平台等商业基础设施高度协同带来的高效整合是商业基础设施的根本价值来源，任何平台的交互，都将形成全新的价值创造（见图 3-5）。比如，高周转率、低库存量、普惠金融、精细化管理、无缝的供应链金融服务、交易成本进一步降低。不同的平台组合与平台交互，将产生价值增值；覆盖全社会的商业基础设施的协同，将产生全新的业态与商业模式，解决长期制约零售业发展的低利润水平、高费用率问题。

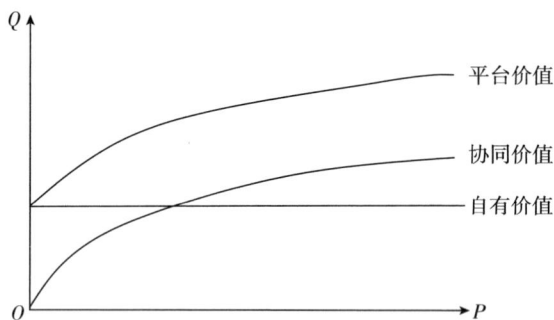

图 3-5 经济空间价值构成

（4）可塑化。可塑化是指商业基础设施具有很强的适配能力，满足不同参与主体、节点的多元化需要。可塑化是消费者需求个性化、多样化以及技术变革协同演化的结果。可塑化要求商业基础设施既能满足大型零售业态的需要，又能满足微店、便利店等小型零售业态的需要；既能满足传统零售业态，如百货商店、超级市场的需要，又能满足无人店、全渠道融合业态的需要。可塑化与协同化的基础是标准的确立，只有企业间端口共享并采取共同标准，才能实现兼容，并在兼容的基础上鼓励企业采取组合式创新，满足多样化需求。

（5）智能化。智能化的基础是技术应用与技术革命，物联网技术、大数据技术、机器学习等在商业基础设施方面的实践与应用将为人、货、场赋能，重构人、货、场。数字化消费者、智能制造商、全渠道零售商物联互联将产生信息集聚。以提高流通效率为目标，根据算法生成对照于具体交易的对策，从生产、流通到最后的消费，整个过程都利用技术高度智能化，并且可以继续扩大服务范围。这表明顶级的服务需要更多的数据基础，要具备相关的专业知识，这样才能形成智能策略，更好地赋能整个销售过程。

数字经济是以信息技术的集中应用为主要标志的，网络技术、大数据技术、人工智能技术、云计算技术等相互影响、快速迭代，为经济高质量发展提供了全新动能。信息技术的核心作用是改变了信息不对称状态，使其在资源配置过程中逐渐信息完善，进而趋于帕累托最优状态。网络技术包括计算机网络、移动互联网、物联网、区块链网络等，计算机网络、移动互联网保证了经济活动参与主体和资源在任何时空都可以相互连接、交互信息，其作为底层网络，为物联网的搭建提供了保障，通过传感器、射频识别技术、GPS 等信息采集手段，实现了经济活动参与主体和资源信息的客观采集。区块链网络通过去中心化信任机制、交易验证、防篡改等特征，进一步保证了物联网信息的客观性、可靠性，改变了信息失真的问题。网络技术的应用，实现了物理世界的虚拟映射，经济活动在虚拟空间一一映射形成了虚拟（数据）世界。大数据技术通过数据的挖掘、整合、存储，从海量多源异构的数据中，挖掘出经济活动主体与资源的潜在相关关系，通过相关关系的挖掘与应用，实现经济决策的科学化，继而实现资源的最优配置。在实际的数据挖掘与利用过程中，人类的认知与计算能力存在局限，需要通过算法替代人类完成数据处理过程，算法迭代与算法整合最终形成人工智能，解决了人类认知与计算能力局限，保证了数据到决策通路的实现。云计算技术与边缘计算技术为上述过程提供了算力保证，完成了数以万计的数据处理。网络技术、大数据技术、人工智能技术、云计算技术之间必须紧密衔接、集中迭代，才能保证最终信息完全的实现，使资源配置趋向帕累托最优。保持数据的不间断采集和传输，可以实现实时动态均衡。随着全球信息技术的发展，可以预期，在信息技术自身成本不断降低、效率不断提高的同时，大规模信息技术的应用已经势不可挡，"顺者昌，逆者亡"，经济活动参与主体离不开信息技术这个"人工大脑"。

三、生产质量

使用价值是考察生产质量的核心要素，古典经济学与新古典经济学都隐含着使用价值的隐喻。商品的使用价值指的是购买者有支付意愿和支付能力，其前提是消费者了解该商品的实际价格构成和生产所承担的社会成本。对使用价值的定义不仅要考虑商品的客观成本构成，还要考虑商品实现其价值属性的基础，即消费者发生的购买行为，而且要满足上述交易必须是在完全信息这一假设前提下。与使用价值关系紧密的还有商品质量这一概念，这两个概念都和商品本身的客观属性和购买方的主观感受相关，商品质量是体现商品价值的基础，只有商品质量达到要求，商品才能有使用价值，并且随着商品质量的不断提升，附加的使用价值也会提升。由上述内容可以得出，只有商品的质量提升到社会必需的质量水平后，其使用价值才可以转化为社会要求的使用价值。

由于生产者与消费者之间的信息不对称和模糊化产品的存在，企业为吸引顾客，顺利地让渡使用价值并获取价值，实现从商品体到金体这一"惊险的跳跃"，对产品的关注开始从关注本身的质量合意性转换为如何让消费者感觉到产品具有高质量的品性，并对产品添加大量的附加服务，使商品"看起来正确"。于是，出现了过度注重外在包装，而轻内在品质；过度注重广告宣传，而轻技术研发；过度注重广告宣传，而轻质量管理的现象，导致实际使用价值较低的商品流于市场。这类商品（服务）同样需要劳动、资本等要素的投入，也会形成相应的企业和供应链。这些服务本身不能够为消费者带来实际的使用价值，只是改变了利润在不同企业之间的分配。这一行为在短期内看似降低了单个企业的交易费用，但从长期来看持续性地增加甚至创造了新的交易费用。

　　质量合意性隐藏着一个动态的概念，即生产质量要随着消费者行为与技术体系的变化而变化。在人类社会的演进过程中，质量合意性存在着两个极端。一个极端是消费者行为与技术体系演化缓慢，质量长期一成不变；另一个极端是随着消费者行为与技术体系的快速迭代，质量更新换代较快，电子产品依据的摩尔定律就是最好的体现。消费者需求不确定性的增强，将驱动制造商生产新产品，从而增加产品的多样性。新古典经济学的创始人马歇尔曾表示，产品的多样化趋势是经济增长的一个主要原因。企业可建立抗衡力（Counter Vailing Power）来对抗消费者增权，最传统的建立抗衡力的方式是差异化战略，产品差异化会导致市场信息不透明，从而建立一种抗衡力。由于制造商主动进行大规模定制、个性化定制，产品生命周期越来越短，在手机、服装、汽车等传统制造行业，产品迭代速度显著加快，每年推出一款显著性迭代产品已经成为惯例，消费者需求不确定、制造商差异化创新、产品生命周期缩短成为普遍趋势。

　　动态能力指生产组织系统性地解决了问题的潜能，由感知机会、威胁、及时制定市场导向的决策和改变资源基础的能力构成。具体而言，动态能力较高的生产组织首先应具有快速感知竞争环境、识别潜在机会和威胁的能力；其次拥有高质量的决策能力，决策的质量包含决策的速度和内容两个维度；最后是生产组织能快速重新配置、创造和拓展资源，满足新的动态环境的变化。在生产组织结构演化过程中，商品价值是由某些确定规则构成的基因组，这里所说的基因是具有动态性、创新能力的基本系统，其裂变、分解、繁殖、融合，在新的界面上进行重新整合，构成新的模块价值链，形成新的企业价值网络，该网络包含生产者、流通渠道方和相关竞争者，它可以将各类要素集中在平台上，使该链条上的参与方相互协同工作，并根据市场需求（即消费者动态的差异化需求）及时创新产品，形成相互之间有效竞争的局面，更好地与实际相结合。在生产组织演化过程中，生产组织决策速度与内容依据的核心是生产网络的资产专用性风险。单一结构与分工结构由于较高的资产投入以及供应链企业的资产专用性投资的存在，导致无论是生产组织还是供应链企业，在面对外部机遇与威胁退出市场所面临的各种限制和较高的成本时，直接影响决策速度与内容方向。在模块结构与网络结构下，半自律的功能模块是商品系统的主要组成部分，有不同的需求设置相异的接口，也可以设立标准将部分连接，但实际上每个组成部分都是相互独立的，为的是避免出现锁定效应。现如今，每个企业在面对锁定效应时，都会根据实际需要，灵活组合自身的要素投入生产，大大化解了模块化生产网络的资产专用性风险，使企业在退出市场时所面临的各种限制和成本大为减少。在生产组织快速重新配置、创造和拓展资源能力方面，在由单一结构向网络结构演化的动态过程中，最突出的特点是生产组织可以运用更为灵活的组织方式，不仅能提高有形要素的配置效率，更为关键的是能将无形要素嵌入生产组织内部。无形要素的利用广度与深度的提高，是生产组织获得动态能力的最直接来源。

四、交易质量

经济发展的本质是用更少的资源、更高效的方式创造更多的商品价值。随着技术的发展，它可以减少由于技术落后所导致的资源浪费，提高生产效率，并且可以更精确地根据现实的发展情况动态调整生产。交易质量的衡量主要在于资源的优化配置、经济成本、交易成本、动态调整。关于资源的优化配置，交易质量的核心体现就是实现要素、商品、服务的优化配置，即实现需求与供给的最优匹配，实现整个经济系统的最理想的帕累托最优状态。所有经济流派的核心问题都是解决微观个体的优化配置问题，在解决资源优化配置的同时，兼顾经济成本、交易成本问题。经济成本在流通领域主要指边际成本，边际成本主要指增加 1 单位交易所增加的额外的成本。同边际成本一样，平均成本是最重要的成本概念之一，平均成本主要是指总成本除以交易产品的单位数。经济成本主要是指人与物、物与物在打交道过程中产生的实际成本，在这里，主要对应建设性交易空间。除经济成本之外，交易领域还广泛存在着人与人交易所产生的交易成本，交易成本是难以计量的，但却是实实在在发生的（黄少安，1996）。

交易质量的核心是供给和需求双向匹配与均衡过程的质量，新古典经济学假设了理想的交易环境，即信息完全与自动实现。但上述分析已经清晰表明，信息不完全与交易成本是广泛存在的。因此，除了上述标准外，还需要普遍关注信息不对称问题。信息不对称在流通环节存在诸多表现，如价格离散水平、交易纠纷率等，更为关键的是单笔交易周转速度与效率等。现阶段，降低流通环节的信息不对称水平主要是通过机制设计来实现的，通过设计科学的机制，实现参与约束与激励相容约束，可以缓解信息不对称，实现帕累托改进。随着信息技术的应用，流通数字化变革是从根本上缓解信息不对称的手段，但由于信息技术高固定成本、低边际成本的成本结构特征，导致流通数字化进程缓慢。

五、消费质量

衡量消费质量的核心仍需回归到新古典经济学中的消费者效用水平与消费者剩余上。效用表示满足，但是由于个体差异性，不同消费者对同样的商品有不同的价值评判，并且每个消费者对不同商品或者服务的心里排序是不相同的。效应不能单纯地归结为可衡量的主观心理感觉，在经济学中，效应其实是一种理性假设，只有这样，才能衡量消费者如何将自己有限的资源分配在各类商品服务上，达到效应最大化的根本目的。

现阶段，我国社会的主要矛盾已经转化为人民日益增长的美好生活需要和不平衡不充分的发展之间的矛盾，消费质量更多地体现在闲暇时间的支配与服务消费上。闲暇通常被定义为一个人可以按照自己意愿去支配的时间。消费者服务是指消费者在私营市场购买的服务，具体包括娱乐休闲、文化艺术、餐饮等。无论个体的偏好如何，效用理论都可以对其进行分析。假设人类的所有活动都是为了追求最大效用，消费者选择的原则指出，当你花费在每一种活动上的最后一分钟的效用（边际效用）都相等时，就最佳地利用时间进行了分配，实际上，消费者最稀缺的是时间。

　　传统意义上，我们主要关注消费者的显性需求，最新的研究成果显示，消费者同样存在隐性需求。消费者隐性需求的实现与消费者信息能力紧密相关，我们将消费者信息收集、处理能力界定为消费者的信息能力，消费者的信息能力是消费者的基本特征之一。在传统经济学中，由于信息来源渠道的限制以及非智慧大脑信息处理能力的局限，消费者普遍存在有限信息能力。随着进入智慧大脑阶段，依赖于消费者复杂决策网络的沉淀数据，通过消费者数据智能辅助、替代进行数据处理，消费者信息能力普遍提升。有限的信息能力来源于 Simon 的有限认知与认知局限①。基于以上分析，不难发现有限认知主要来源于信息约束，在 Simon 的认知基础上进一步深化有限信息能力。具体而言，消费者信息能力是指消费者在具体决策过程中信息收集能力和处理能力的高低，有限信息能力更好地适用于本书关于消费者信息约束的研究。

　　一般而言，当消费者完全无信息能力时，其对商品与服务是完全无知的；而当消费者的信息能力完全时，可以知晓商品与服务的完全信息，知晓产品与服务的质量与适用程度。消费者的信息能力在完全能力与完全无能力之间徘徊。在非智慧大脑阶段，决定消费者信息能力的因素包括消费者自身属性与外部制约因素，自身属性包括收集处理信息的技术水平与努力程度等，外部制约因素包括时间和厂商的产品与服务特征等。一般而言，随着时间的推移，消费者对特定产品与服务的了解将显著增加，信息能力将得到提升。厂商出于利润最大化的要求，将进一步进行产品创新，使产品更新换代，厂商差异化程度的提高将进一步稀释消费者的信息能力。同时，产品与服务的差异化与多样化，在横向和纵向两个方向稀释了消费者的信息能力。在横向上，随着产品与服务差异化、多样化程度的不断提高，消费者需要将信息能力在不同产品与服务之间进行横向分类。在纵向上，特定产品由于复杂程度不断提高，消费者需要仔细进行产品与服务质量的深化研究，经过横

---

　　① Simon H A. Bounded Rationality and Organizational Learning [J]. Organization Science, 1991, 2 (1): 125-134.

向与纵向的对比，消费者最终做出消费决策，但原本有限的信息能力，经过横向与纵向的稀释，已经难以满足决策的需要。

随着进入智慧大脑阶段，消费者复杂决策网络为消费者信息收集提供了信息来源，而且消费者复杂决策网络的结构特征调节着消费者信息收集能力的强弱，消费者复杂决策网络对消费者信息收集能力提升的主要作用在于提升收集效率与提供客观可信赖的信息来源。信息中介、信息助手等消费者决策数据智能，可以辅助、替代消费者进行信息处理，在很大程度上提高了信息处理的效率。但消费者信息收集、处理能力的提高，需要商品与服务的厂商具有稀释消费者信息能力的激励机制，只不过在消费者复杂决策网络与消费者数据智能的辅助、替代下，消费者会快速实现对厂商商品与服务的信息能力提升，厂商将进入下一轮的商品与服务的创新周期。

消费者信息能力的提升其实是一把放大镜，不仅能放大生产组织的商品与服务，还能放大消费者自身的显性需求与隐性需求。随着消费者信息能力的提升，生产组织的利润水平下降，迫使生产组织加速商品与服务的差异化，而产品与服务差异化的需求来源主要源自消费者潜在的、未被挖掘的隐性需求，小众特色的长尾商品往往代表了消费者低频和隐性的需求。厂商基于消费者画像进行差异化创新，开发小众特色的长尾商品。伴随着消费者信息能力的提升，消费者复杂决策网络与消费者决策数据智能将挖掘、匹配隐性需求，如"个人助理"能够帮助我们管理这些隐性需求，因为个人信息助手能够将很多低频的需求保持在随时可以被唤醒的状态，有时其中的一部分会匹配到真实的需求。除了显性需求，我们大量的需求是隐性需求，隐性需求往往不会活跃于我们的认知或内部信息来源，甚至我们从不知道有隐性需求的存在，需要在特殊消费情境下被激发和匹配。我们借助图3-6的冰山模型来说明隐性需求与显性需求，正如冰山上下两部分，显性需求是消费者日常看得见的需求，但隐藏在冰山之下的隐性需求却在总需求中占主要部分。

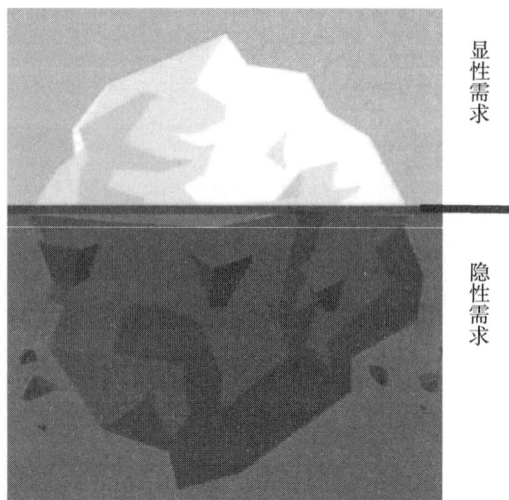

显性需求

隐性需求

图 3-6　显性需求与隐性需求

　　我们还要关注企业在采购原材料与服务时的消费质量问题。生产厂商为了适应消费者的个性化、多样化需求，势必要求供应商提供多样化的原材料、中间产品与生产性服务。除了满足消费者多样化的需求之外，生产者也必须满足商品质量，建立自己的产品质量管理体系，采购方也要有自己的质量侦查系统，因为采购质量的高低会影响售出产品的质量，因此，生产者在作为采购方购买要素时，需要擦亮自己的双眼，生产出的产品质量是由采购质量决定的，同时对产品进行质量筛选，以保证采购的产品能够满足消费者的需求。

六、外部性

　　在实际的市场交易中，当个人的效用不仅取决于自己购买的商品与服务，还取决于他人的市场行为活动时，就存在外部性。因此，在下列效用函数中，个人 A 的福利取决于其消费的一系列商品和服务（x_1，x_2，x_3，…，x_n），同时，还取决于个人 B 从事的某种活动 y_1，具体公式如下：

$$U_A = U_A(x_1, x_2, x_3, \cdots, x_n, y_1) \qquad (3-1)$$

因此，外部性的明显特征是一个人与另一个人之间的相互依赖性，而且更为重要的是这种相互依赖性发生在价格机制之外。从边际角度来看，一个人所做的任何事情都会对他人产生某种影响。

传统新古典经济学常常考虑负外部性的场景，如污染，厂商为追求规模经济，主要手段是大规模的要素投入，其结果必然是产生负外部性。但负外部性主要出于生产领域，本书主要讨论的是交易过程的外部性。相对于生产领域的外部性，交易领域的外部性主要有网络外部性，亦称网络效应，或称需求方规模经济。商品的价值会随着使用人数的增加而增加，商品兼容人数的增加会提高商品的价值。以色列经济学家奥兹·夏伊在《网络产业经济学》中对网络外部性进行了定义，即当一种产品对用户的价值随着采用相同产品或可兼容产品的用户的增加而增大时，就出现了网络外部性。消费者在购买过程中相互影响形成网络外部性，可以分为直接网络外部性与间接网络外部性。前者指的是用户在互联网平台内直接相互关联而形成的外部性，通常随着某个软件使用人数的增多而逐渐增强；后者指的是市场作为中介的作用，市场上的商品分为替代品和互补品，间接网络外部性就是指市场对互补品的价格、数量等进行作用，从而影响用户对原有商品的购买欲望。另外，交叉网络外部性是特殊的间接网络外部性，是指某个网络平台的用户数量的变化会影响另一网络平台的用户数量。但是这些网络外部性的发挥需要达成一个重要前提，即用户规模必须达到临界容量，只有经过临界容量的点，才能发挥网络外部性的作用；达不到该点的网络平台，会因为用户数量基数达不到要求而消失。

七、经济高质量

通过上述相关概念的界定，本章的经济高质量主要是从微观视角出发的，其主要是通过生产质量、交易质量和消费质量的提升实现的，但需要考虑外部性，即如何抑制负外部性，发挥正外部性，实现外部性的内部化。上述需要将质量变革、效率变革、动力变革考虑在内。质量变革的内涵是要提高商品及服务的质量，需要通过技术的发展、制度的完善来促进商品及服务创新，让创新成为促进质量提升的内在动力。效率变革是指要弥补各种影响社会发展的短板，解决过去发展遇到的问题，这样才能为经济的高质量变革打下坚实基础，提升国家的竞争力，预防"卡脖子"问题的再度上演。动力变革指的是在劳动力的数量优势和成本优势逐步消失后，为了促进经济的进一步高质量发展，需要加快劳动力数量红利向质量红利的转换，促进现代化经济体系建设。在这三大变革中，质量变革是主体，效率变革是主线，动力变革是基础。在整个变革过程中，最关键的是要切实、持续地提高全要素生产率。

第四节 变量间的相互关系

通过上述变量的界定，已经形成了流通环节作用于经济高质量发展的先导新动力机制因果关系。流通环节通过建立连接和精准匹配，为经济高质量发展创设了空间，这里的空间主要由建设性经济空间、破坏性经济空间、数字经济空间组成。建设性经济空间、破坏性经济空间构成了人与人、人与物、物与物连接的空间，通过信息通用技术，在虚拟空间一一映射形成了数字经济空间。创设的经济空间实现了经济主体与经济资源的连接。通过数字经济空间的数据沉淀与数据整合，经济主体与经济资源原本的、潜在的相关关系清晰化，资源配置的信息完全假设逐渐形成，为精准匹配的实现提供了可能。因此，生产厂商可以动态掌握消费者需求，按需定制成为可能，同时，生产厂商可以通过要素市场体系和生产性服务市场体系迅速获得生产所需的要素，为 C2M 定制生产模式变革提供要素依据。在创设的经济空间中，经济资源的状态逐步清晰，为精准配置提供了可能，资源的优化配置水平不断提高。根据经济空间提供的资源属性数据，显著降低经济成本（包括物流成本）。在创设的经济空间内，数字经济空间消除了经济主体之间的信息不对称状态，交易成本显著下降。上述阐述的经济空间，其实质是市场机制的具体化。

通过创设经济空间，生产厂商可以直接接触消费者，生产厂商与消费者直接接触的交易费用显著降低。同时，由于需求方规模经济的存在，定制化成为可能，生产长尾商品有利可图。由于经济空间持续、动态地为生产厂商提供消费者信息来源，生产厂商动态能力不断增强，通过创设经济空间，尤其是数字经济空间的形成，流通环节掌握了生产与消费的行为，双向匹配逐渐趋于信息完全，为精准匹配提供了前提。通过精准匹配，资源配置效率不断提高。由于生产与消费的高度契合，资源的错配下降到较低水平，消费者购买决策时间有效降低，闲暇时间增加，同时，由于经济空间高效的匹配机制，消费者潜在需求得到满足，且效用显著提高。通过创设的经济空间，买方与买方之间相联系所构成的网络外部性以及卖方与买方之间所构成的交叉网络外部性全都得以体现。消费者之间通过有效连接，可以实现有效的信息获取，小众特色的长尾商品的需求得以满足。更为关键的是，通过社交网络的有效连接，商品创新与服务创新持续。消费者的有效连接为生产厂商提供了交叉网络外部性，通过生产质量、交易质量、消费质量的提升，逐步实现了经济高质量发展。

生产质量、交易质量、消费质量的提升保证了微观经济的质量变革，同时，由于生产效率、交易效率与消费效率的变革，微观经济实现效率变革。通过实体空间的数据沉淀形成了数据要素，数字要素不仅可以实现自身增值，还可以实现其他资源的增值，即数据要素内生化过程。通过数据要素内生化，实现了生产变革、消费者变革，同时，实现了交易效率提升，增强了网络外部性与交叉网络外部性，最终实现了经济高质量发展。从理论模型来看，如何发挥流通的先导性与基础性作用，其核心在于经济空间的创建，即不断完善物理空间，同时，加速物理空间的数字化变革，通过数字空间持续优化物理空间，逐渐实现物流空间与数字空间的交互迭代，最终实现流通效率变革，真正实现生产效率与流通效率同等重要的理论命题。

第五节　流通环节作用于经济高质量发展的微观机制

验证流通效率与生产效率同等重要的科学论断，其核心在于流通的"平台论"，其作为配置资源的底层平台，沉淀流通活动与流通行为。相较于传统单边市场，流通的双边市场特征赋予其配置资源的主动性与工具。通过现代流通体系的构建，流通环节逐步构建起实体经济空间与数字经济空间相互映射、控制的平行系统（经济空间）。通过创设覆盖全社会的经济空间，生产质量、交易质量、消费质量显著增强，生产效率、交易效率、消费效率明显提升，由于数据内生化，数字要素不仅可以实现自身增值，还可以实现其他资源的增值，实现网络外部性的内部化。生产质量、交易质量、消费质量的提升保证了微观经济的质量变革，同时，由于生产效率、交易效率与消费效率的变革，微观经济实现效率变革。在双循环新发展格局下，进行新一轮流通革命，构建覆盖全社会的经济空间与现代流通体系，实现质量变革、效率变革、动力变革，进而实现经济水平进一步提高。具体流通作用于经济高质量发展的作用机制，如图3-7所示。

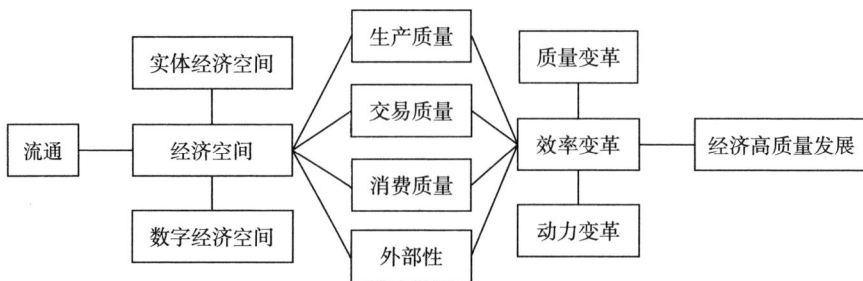

图3-7　流通作用于经济高质量发展的微观机制

第四章

流通环节作用于经济高质量
发展机制的实证检验

第三章理论模型从微观角度说明了流通环节作用于经济高质量发展的机制，流通环节创设了经济空间，具体可以细分为建设性经济空间与破坏性经济空间，经济空间映射形成数字经济空间，数字经济空间可以赋能建设性经济空间，同时，也可以助推破坏性经济空间。经济空间从微观角度提升了生产质量、交易质量、需求质量和外部性，进而实现了效率变革、质量变革、动力变革，实现了经济高质量发展。本章在理论模型的基础上，构建了一个包含生产、消费和流通的三部门封闭经济系统，通过比较静态分析，将新均衡状态与原均衡状态进行比较，以分析某项因素的变化对均衡所产生的影响。借助 Matlab 软件，对三部门封闭经济系统以及比较静态分析状态进行比较，直观说明流通环节作用于经济高质量发展的微观机制。三部门封闭经济系统模型只是对理论模型的进一步抽象，部分关键因素的变化对均衡分析的影响可能没办法实现，将在具体案例检验部分进一步验证。

第一节　模型构建

基于理论模型的分析，假设在封闭经济系统中存在生产、流通、消费三个部门，流通是连接生产与消费的中间环节。生产部门通过投入资本与劳动得到简单的中间产品，利用流通部门提供的运输、再加工、分类、再包装、分销等服务，将其转化为满足生产与流通部门资本投入及消费部门生产需求的最终产品；流通部门向生产部门购入中间产品，并投入一定数量的人力与物力将其转化为增值后的最终产品；消费部门提供生产与流通环节所需的劳动报酬，并消费一定数量的最终产品。经济的运行过程如图 4-1 所示：

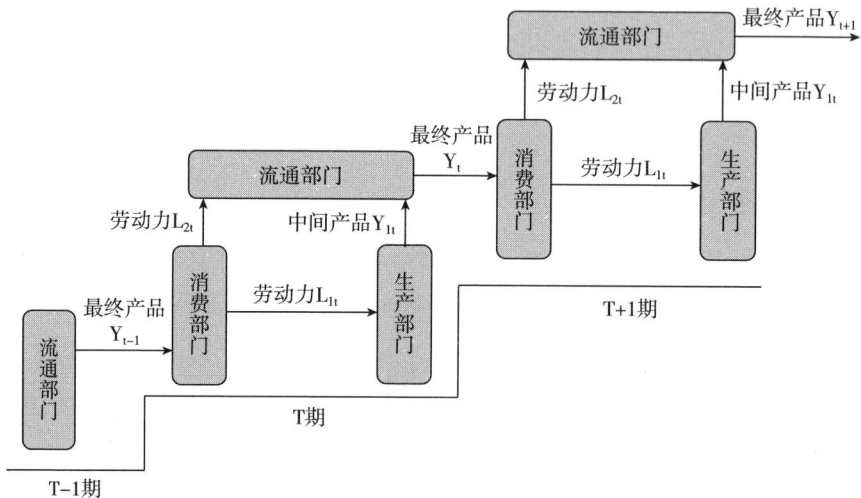

图 4-1　三部门经济系统动态运行过程

设定在 ［0，1］ 的连续系统上各自分布着无限数量的生产与流通企业以及劳动家庭，它们分别构成了生产部门、流通部门和消费部门，三个部门的成员共同聚集到最终产品与劳动市场。消费部门通过消费流通部门 T-1 期提供的最终产品，在 T 期向生产部门提供 L_{1t} 的劳动力，向流通部门提供 L_{2t} 的劳动力；生产部门通过消耗流通部门 T-1 期提供的生产资料，使用 L_{1t} 的劳动力，在 T 期向流通部门提供 Y_{1t} 量的中间产品；流通部门收到中间产品后，使用 L_{2t} 量的劳动形成 T 期最终产品 Y_t，在供本期消费后，剩余数量的最终产品将作为资本品进入 T+1 期，由此形成三部门经济系统的动态运转过程。假定生产部门与流通部门的技术水平 M_1、M_2 均为希克斯中性，且在整个期间保持内生不变，由此，我们就可以对三部门的决策进行分析。

一、生产部门

生产部门的产品将作为中间产品进入流通环节，设封闭条件下生产部门的生产函数为规模报酬不变的柯布-道格拉斯生产函数，假设生产部门的技术水平 M_1 为希克斯中性，不改变资本与劳动边际量的比率，此时有：

$$y_{1t} = M_1 k_{1t}^{\alpha} l_{1t}^{1-\alpha} \tag{4-1}$$

k_{1t}、l_{1t} 分别代表生产部门在 T 期的资本投入与劳动投入；设 i_{1t} 为 T 期新增投资，来自 T-1 期的最终产品，价格为 P_{t-1}；劳动力价格为 ω_t，考虑资产的折旧以及资本的时间效应，设 θ 为折旧率，ρ 为贴现因子，则生产部门在 T 期的利润最大化函数为：

$$\pi_{1t} = \max \sum_{\tau=t}^{\infty} \rho^{\tau-t} \left\{ M_1 k_{1\tau}^{\alpha} l_{1\tau}^{1-\alpha} - P_{\tau-1} i_{1\tau} - \omega_{\tau} l_{1\tau} \right\} \tag{4-2}$$

$$\text{s. t. } k_{1t} = (1-\theta) k_{1,t-1} + i_{1\tau} \tag{4-3}$$

将公式（4-3）代入公式（4-2），并分别对 k_{1t}、l_{1t} 求导，得出生产部门在 T 期的要素投入组合应满足以下条件：

$$P_{t-1} = P_{1t} M_1 \alpha \left(\frac{l_{1t}}{k_{1t}} \right)^{1-\alpha} + \rho(1-\theta) P_t \quad \omega_t = P_{1t} M_1 (1-\alpha) \left(\frac{k_{1t}}{l_{1t}} \right)^{\alpha} \tag{4-4}$$

二、流通部门

生产部门提供的中间产品要转化为最终产品，必须依赖流通部门投入的再加工、再包装、再运输、存储等相关服务。基于理论分析，设流通部门的增值服务同样为柯布-道格拉斯生产函数，技术水平 M_2 同样具有希克斯中性，此时有：

$$y_{2t} = M_2 k_{2t}^{\beta} l_{2t}^{1-\beta} \tag{4-5}$$

k_{2t}、l_{2t} 分别代表流通部门在 T 期的资本投入与劳动投入；向生产部门采购数量为 $y_{1t}^{\cdot}$ 的中间产品进行生产，此时流通部门增值活动的产出必然有 $y_{2t} < y_{1t}^{\cdot}$。流通部门的增值服务过程会使中间产品产生一定的损耗，同时，中间产品从生产部门传递至流通部门的过程中也会伴随损耗，引入 V_1 与 V_2，两者分别代表中间产品生产技术以及增值服务生产技术，此时，利用里昂惕夫生产函数来表达流通部门最后的产出，其公式为：

$$y_t = \min\left\{\frac{y_{1t}^{\cdot}}{V_1}, \frac{y_{2t}}{V_2}\right\} = \min\left\{\frac{y_{1t}^{\cdot}}{V_1}, \frac{M_2 k_{2t}^{\beta} l_{2t}^{1-\beta}}{V_2}\right\} \tag{4-6}$$

V_1 用以刻画生产、运输、仓储、再包装过程的损耗率以及中间产品与市场需求的匹配程度；V_2 用以刻画流通部门在增值加工过程中的损耗以及最终产品与市场需求的匹配程度。此时，资本、劳动与中间产品的最优要素组合为：

$$y_t = \frac{y_{1t}^{\cdot}}{V_1} = \frac{M_2 k_{2t}^{\beta} l_{2t}^{1-\beta}}{V_2} \tag{4-7}$$

很多学者认为，流通环节进入壁垒较低，衡量产业集中度的 CR4 和 CR8 等指数也偏小，因而，推断其处于完全竞争状态。但王晓东和张昊（2012）强调，流通企业往往在区域市场具有相对独立性，他们能凭借自身实力和地方保护等形成垄断势力，并且地缘、人缘因素所形成的商业信赖关系也会给潜在进入者形成一定的障碍。因此，我国流通产业应是一种充分竞争和局部垄断并存的局面（何大安，2014）。现实调研过程也证明了上述观点，区域型流通企业往往在其省市具有较强的局部垄断特征，尤其是在数字化背景下，线上渠道进一步强化了其局部垄断的市场结构。因此，流通部门具有商品定价优势，设 ε 代表从量的垄断收益，设此时市场最高价格为 P_t，此时，流通企业的定价不能超过 P_t，但 P_t 又不是完全竞争时的市场均衡价格，有 $P_t-\varepsilon$ 代表流通部门的定价。流通部门同样面临激烈的市场竞争，存在商品价值实现过程本身非必要的且常常损害对方利益或者降低市场资源配置效率的费用，设 η 为提高销量所额外付出的从量销售费用，可以将其理解为由竞争带来的额外成本（简称竞争费用）。设 i_{2t} 为 T 期新增投资，来自 T-1 期的最终产品，价格为 P_{t-1}，劳动力价格为 ω_t，考虑资产折旧以及资本时间效应，设 θ 为折旧率，ρ 为贴现因子，则流通部门在 T 期的利润最大化函数为：

$$\pi_{2t}=\max\sum_{\tau=t}^{\infty}\rho^{\tau-t}\left\{\rho\,(\,P_t-\varepsilon-\eta)\frac{M_2k_{2t}^{\beta}l_{2t}^{1-\beta}}{V_2}-P_{\tau-1}i_{2\tau}-\omega_{\tau}\,l_{2\tau}-P_{1t}\dot{y}_{1t}\right\}\qquad(4-8)$$

$$\text{s. t.}\begin{cases}k_{2t}=(\,1-\theta)\,k_{2,t-1}+i_{2\tau}\\[2mm]\dot{y}_{1t}=\dfrac{V_1M_2k_{2t}^{\beta}l_{2t}^{1-\beta}}{V_2}\end{cases}\qquad(4-9)$$

将公式（4-9）代入公式（4-8），通过构造拉格朗日函数求解得：

$$\begin{cases}P_{t-1}=\left[\rho\,(\,P_t-\varepsilon-\eta)-V_1(\,P_{1t}-\lambda_t)\,\right]\dfrac{M_2\beta}{V_2}\left(\dfrac{l_{2t}}{k_{2t}}\right)^{1-\beta}+\rho\,(1-\theta)\,P_t\\[4mm]\omega_t=\left[\rho\,(\,P_t-\varepsilon-\eta)-V_1(\,P_{1t}-\lambda_t)\,\right]\dfrac{M_2\beta}{V_2}\left(\dfrac{k_{2t}}{l_{2t}}\right)^{\beta}\\[4mm]\lambda_t\geqslant0,\lambda_t(\,y_{1t}-\dot{y}_{1t})=0\end{cases}\qquad(4-10)$$

其中，λ_t 为拉格朗日函数的约束条件。

三、消费部门

消费部门作为三部门封闭经济系统中主要的劳动力提供者，我们假定所有家庭都是同质的，具有无限的生命周期，且每期都拥有一单位时间。消费部门通过提供劳动获得收入来源，通过消费一定数量的商品满足欲望，此时，消费部门的效用函数主要受劳动时间以及商品消费量的影响。设 l_t 和 c_t 为劳动时间和商品消费量，跨期的效用贴现因子为 ρ，则消费者效用函数为：

$$U = \max \sum_{\tau=t}^{\infty} \rho^{\tau-t} \mu(l_t, c_t) \tag{4-11}$$

此时，消费部门的效用最大化函数为：

$$H = \max \sum_{\tau=t}^{\infty} \rho^{\tau-t} [\omega_\tau l_\tau - (\varepsilon+\eta) Y_{t-1}] \tag{4-12}$$

第二节　均衡分析

一、各部门均衡条件

（1）生产部门利润最大化。给定 T-1 期产品价格 P_{t-1}、劳动力工资 ω_t、中间品价格 P_{1t}，则生产部门实现利润最大化的条件需满足公式（4-4）。

（2）流通部门利润最大化。给定 T-1 期产品价格 P_{t-1}、劳动力工资 ω_t、中间品价格 P_{1t}，以及最终产品价格 P_t，则流通部门实现利润最大化的条件需满足公式（4-10）。

（3）消费者效用最大化。给定 T-1 期产品价格 P_{t-1}、劳动力工资 ω_t、最终产品价格 P_t，则消费者效用最大化的条件需满足公式（4-11）和公式（4-12）。设 φ_t 为消费者在 T 期消费的金额，此时有：

$$\varphi_t = \omega_{\tau-1} l_{\tau-1} - (\varepsilon+\eta) Y_{t-1} \tag{4-13}$$

在封闭经济系统中，消费者无法获得未来收益，同时，考虑到资产折旧以及资本时间效应，消费者最优策略是，在任一 T 期都将 T-1 期所获得的全部收入用于消费，此时，最大消费量为：

$$c_t = \frac{\omega_{\tau-1} l_{\tau-1} - (\varepsilon+\eta) Y_{t-1}}{P_{t-1}} \tag{4-14}$$

二、市场出清条件

（1）劳动力市场出清。生产部门与流通部门对劳动力的需求正好等于消费部门提供的劳动力，此时有：

$$L_t = L_{1t} + L_{2t} \tag{4-15}$$

（2）最终产品市场出清。流通部门在 T-1 期提供的最终产品等于生产部门、消费部门、流通部门三个部门 T 期对最终产品的需求，此时有：

$$Y_{t-1} = I_{1t} + I_{2t} + c_t \tag{4-16}$$

（3）中间产品市场出清。生产部门向流通部门提供的产品正好等于流通部门对中间产品的加总需求：

$$Y_{1t} = \dot{Y}_{1t} \tag{4-17}$$

结果表明，生产部门在均衡时提供的中间产品可以进入流通环节，不存在产能过剩以及产成品积压的问题，这意味着马克思所说的"社会化大生产顺利进行"。

三、比较静态分析

（1）垄断收益 ε 与竞争费用 η 对各部门要素投入、产出、价格以及消费量的影响：联立式（4-4）、式（4-10）和式（4-14），各要素对 ε 与 η 求一阶偏导，得出如下结论：

$$\frac{\partial C_t}{\partial \varepsilon} < 0, \quad \frac{\partial I_{xt}}{\partial \varepsilon} < 0, \quad \frac{\partial \omega_t}{\partial \varepsilon} < 0, \quad \frac{\partial Y_t}{\partial \varepsilon} < 0, \quad \frac{\partial L_{1t}}{\partial \varepsilon} < 0, \quad \frac{\partial P_t}{\partial \varepsilon} > 0$$

$$\frac{\partial C_t}{\partial \eta} < 0, \quad \frac{\partial I_{xt}}{\partial \eta} < 0, \quad \frac{\partial \omega_t}{\partial \eta} < 0, \quad \frac{\partial Y_t}{\partial \eta} < 0, \quad \frac{\partial L_{1t}}{\partial \eta} < 0, \quad \frac{\partial P_t}{\partial \eta} > 0, \quad x = 1,\ 2$$

随着垄断权力 ε 水平的提高和竞争费用 η 的增加，更多的社会资源将被用于破坏经济空间的竞争以及被垄断力量利用，进而导致生产部门与流通部门的单位劳动资本投入减少，整个经济系统的单位劳动产出与消费下降。在一系列传导机制下，最终产品与中间产品价格的比值不断升高，实际收入降低，劳动报酬占总收入与总消费支出的比重呈下降趋势，最终劳动力逐步向生产部门转移，流通部门所占劳动力的比重渐渐缩小。由此可得推论1：对垄断势力的管制以及竞争费用的下降能够刺激经济系统各部门资本投入与产出的增长，抑制通胀能够提高劳动力实际消费能力并缩小收入差距。

（2）生产部门与流通部门的技术水平 M_1、M_2 对各部门要素投入、产出及相对价格的影响：联立式（4-4）、式（4-6）、式（4-7）、式（4-10）、式（4-14）以及式（4-15），各要素对 M_1、M_2 求一阶偏导，得出如下结论：

$$\frac{\partial C_t}{\partial M_1}>0, \quad \frac{\partial I_{xt}}{\partial M_1}>0, \quad \frac{\partial \omega_t}{\partial M_1}>0, \quad \frac{\partial Y_t}{\partial M_1}>0, \quad \frac{\partial L_{1t}}{\partial M_1}<0, \quad \frac{\partial P_t}{\partial M_1}<0$$

$$\frac{\partial C_t}{\partial M_2}>0, \quad \frac{\partial I_{xt}}{\partial M_2}>0, \quad \frac{\partial \omega_t}{\partial M_2}>0, \quad \frac{\partial Y_t}{\partial M_2}>0, \quad \frac{\partial L_{1t}}{\partial M_2}>0, \quad \frac{\partial P_t}{\partial M_2}<0, \quad x=1, 2$$

结果表明，单位劳动中间产品的产出会随着生产部门技术水平的提升而增加，这意味着生产部门的劳动力比重降低，流通部门的劳动力比重提高，进而有更多的资本投入以及最终产品产出。同时，随着生产部门技术水平的提高，单位劳动所获取的消费、工资的实际购买力，以及劳动报酬占总收入和总消费支出的比重都会增加。同样，单位劳动增值服务的产出会随着流通部门的技术水平的提高而增加，推动部分劳动力进入生产部门进行中间产品的生产，这意味着更多的中间产品与更多的最终产品，经济系统会有更多的最终产品作为资本投入进入下一个环节，从而扩大再生产的规模。随着技术水平的提高，相同时间内的劳动力有更多的产出，在边际产量提高的同时，商品价格呈现下降趋势，这便是技术进步抑制通货膨胀最直观的体现。由此可得推论2：生产部门的技术进步能够增加流通部门的劳动投入，从而使最终产品供给量增加，带来实际购买力的下降与贫富差距的缩小，使单位劳动可以得到更多的中间品与最终品。同样，流通部门的技术进步会增加生产部门的劳动力雇佣人数，提高中间产品的产出，并使最终产品的价格下降。

（3）中间产品生产技术以及增值服务生产技术 V_1 和 V_2 对各部门要素投入、产出及相对价格的影响：联立式（4-4）、式（4-6）、式（4-7）、

（4-10）、式（4-14）和式（4-15），各要素对 V_1 和 V_2 求一阶偏导，得出如下结论：

$$\frac{\partial C_t}{\partial V_1}<0,\quad \frac{\partial I_{xt}}{\partial V_1}<0,\quad \frac{\partial \omega_t}{\partial V_1}<0,\quad \frac{\partial Y_t}{\partial V_1}<0,\quad \frac{\partial L_{1t}}{\partial V_1}>0,\quad \frac{\partial P_t}{\partial V_1}>0$$

$$\frac{\partial C_t}{\partial V_2}<0,\quad \frac{\partial I_{xt}}{\partial V_2}<0,\quad \frac{\partial \omega_t}{\partial V_2}<0,\quad \frac{\partial Y_t}{\partial V_2}<0,\quad \frac{\partial L_{1t}}{\partial V_2}<0,\quad \frac{\partial P_t}{\partial M_2}>0,\quad x=1,\ 2$$

中间产品生产技术的提高表明有更多的中间产品进入流通环节，这不仅意味着更多的最终产品产出，同时也意味着有更多的资本与劳动力进入流通环节，以满足中间产品的增值需要，相应地，劳动力工资的购买力会随着最终产品供给价格的降低而提升，即单位劳动能够得到的消费品更多。此时，增值服务生产技术的提高会推动劳动力从生产部门向流通部门转移，导致中间产品生产资本投入的成本增加，进一步传导使最终产品的价格提高，从而使劳动收入的购买力降低。由此可得推论3：减少流通环节的商品损耗，使最终消费品的供给量增加，从而提高最终产品的供需匹配能力，变相提高工资收入的实际购买力，进而增加最终产品的产出与消费量。随着人们对最终产品需求的增加，对无形增值服务的需求也会相应增加，使流通部门占劳动力的比重升高，生产部门产出减少，最终产品消费价格提高，导致实际消费能力下降，从而加剧收入分配的不均衡。

第三节　数值分析

本节应用 Matlab 2018 软件对研究结论和性质进行算例分析，更直观地比较新均衡状态与原均衡状态，分析上述6项因素变化对均衡所产生的影响。

设 $P_{1t}=1$、$\rho=0.5$、$\beta=0.4$、$\alpha=0.6$、$\theta=0.6$、$\lambda=0.3$、$l=4$、$w=5$、$k=5$，可得数值分析结果与比较静态分析结论相同，如图4-2和图4-3所示。

1. 垄断势力 ε 对各部门要素投入、产出、价格以及消费量的影响

根据上述分析，垄断势力 ε 水平的提高会使生产部门和流通部门的单位劳动资本投入减少，降低经济系统的单位劳动产出和消费，继而提高最终产品相对于中间产品的价格，降低实际工资，劳动报酬占总收入和总消费支出的比重也随之下降。劳动力会向生产部门转移，流通部门的劳动力雇佣比重也会下降。横轴代表垄断势力 ε，随着垄断势力 ε 水平的提高，价格 P_t 升高，消费数量 C_t 下降，工资水平 W_t 下降，最终消费量 Y_t 也随之下降，具体见图4-2。

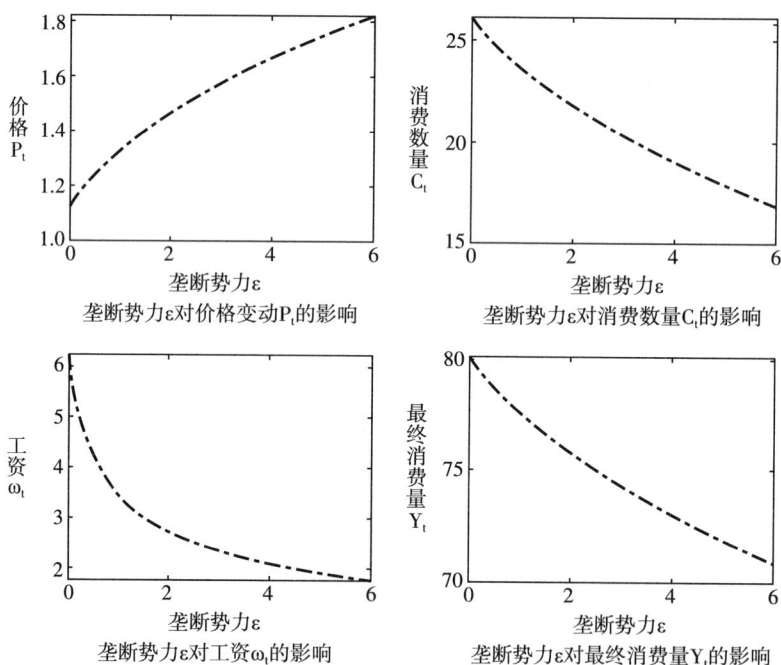

图 4-2 垄断势力的影响

2. 竞争费用 η 对各部门要素投入、产出、价格以及消费量的影响

竞争费用 η 的增加会使生产部门和流通部门的单位劳动资本投入减少，降低经济系统的单位劳动产出和消费，继而提高最终产品相对于中间产品的

价格，降低实际工资，劳动报酬占总收入和总消费支出的比重也随之下降。劳动力会向生产部门转移，流通部门的劳动力雇佣比重也会下降。横轴代表竞争费用 η，随着竞争费用 η 的提高，价格 P_t 升高，消费数量 C_t 下降，工资水平 W_t 下降，最终消费量 Y_t 也随之下降，具体见图 4-3。

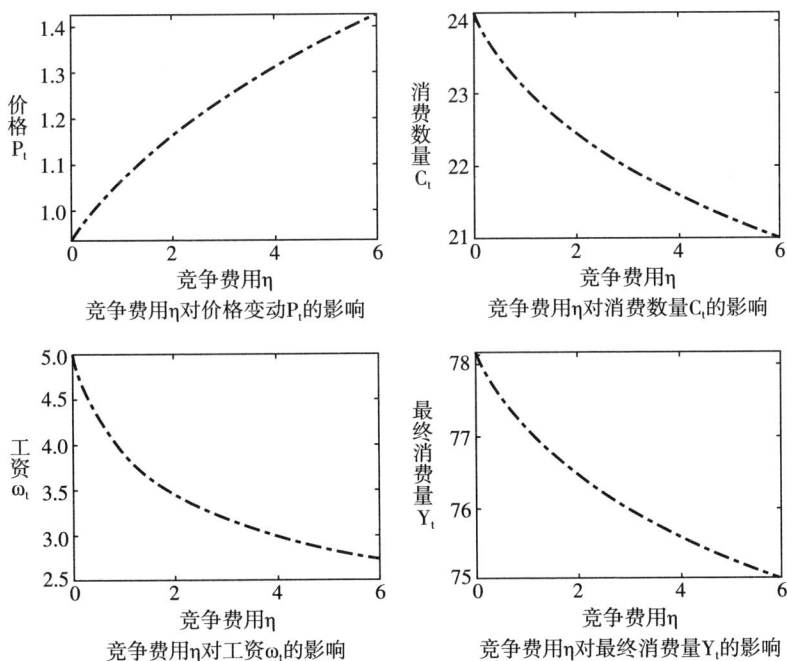

竞争费用η对价格变动P_t的影响

竞争费用η对消费数量C_t的影响

竞争费用η对工资ω_t的影响

竞争费用η对最终消费量Y_t的影响

图 4-3　竞争费用的影响

3. 中间产品生产技术 V_1 对各要素的影响

当中间产品生产技术 V_1 提高，即一单位中间产品可以生产出更多的最终产品，流通部门必须投入更多的资本和劳动力来提供配套的增值服务时，劳动力就会从生产部门转移到流通部门，劳动力工资的实际购买力会相应增加，最终产品价格相应降低。同时，单位劳动所能获取的消费和最初产出也会随之增加。横轴代表中间产品生产技术 V_1，随着中间产品生产技术 V_1 的提高，价格 P_t 升高，工资水平 W_t 下降，最终消费量 Y_t 下降，消费数量 C_t 也随之下降，具体见图 4-4。

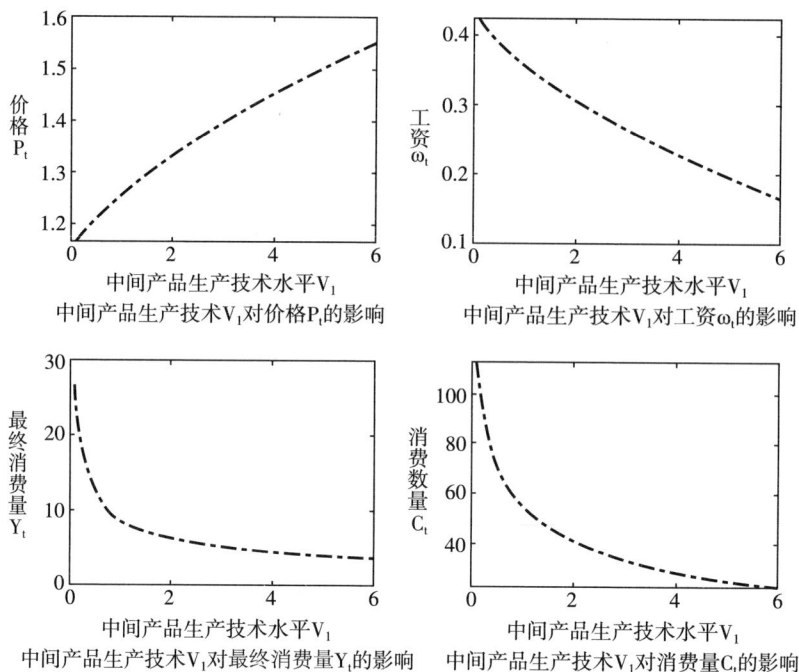

图4-4 中间产品生产技术的影响

4. 增值服务生产技术 V_2 对各要素的影响

增值服务生产技术 V_2 的增长驱动劳动力从生产部门逐渐向流通部门转移，使生产部门的投入产出下降，中间产品的产量减少，进而导致最终产品的产出减少。增值服务的增加意味着最终产品有更多的附加值，由此带来最终产品价格的增长。横轴代表增值服务生产技术 V_2，随着增值服务生产技术 V_2 的提高，价格 P_t 升高，工资水平 W_t 下降，最终消费量 Y_t 下降，消费数量 C_t 也随之下降，具体见图4-5。

5. 生产部门技术 M_1 对各要素的影响

生产部门技术 M_1 的提高必然有助于单位劳动中间产品产出量的增加，这意味着生产部门所需劳动力的数量占劳动总供给的比重会下降，进而推动劳动力向流通环节与消费环节转移，消费品附加值以及最终产品的数量都会增长。同时，在生产部门内部，技术进步带来单位产量的大幅增加，从而使单位劳动获得更多的劳动报酬，物价维持不变或者进一步下降会带来实际购

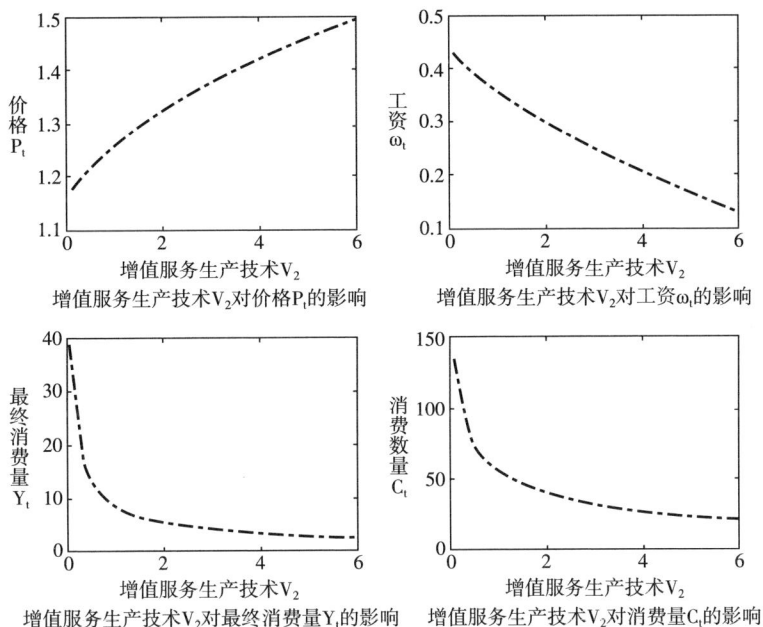

图 4-5　增值服务生产技术的影响

买力的显著提升，以及消费支出的显著增加。图中横轴代表生产部门技术，明显可以看出，工资收入和最终消费量随技术进步得到提高，具体见图 4-6。

6. 流通部门技术 M_2 对各要素的影响

流通部门技术 M2 的进步意味着单位劳动产出量的增加，使单位产品附加值大幅增加，带来最终消费品品质的改善。在流通部门内部，技术进步会释放部分劳动力进入生产部门，带来中间产品生产投入以及产出的增加，使流通部门以及生产部门提供的最终产品产出扩大，从而有更多的资本品作为下一环节的资本投入生产与流通。此外，技术进步使最终产品的价格保持稳定或呈现下降趋势，在单位劳动产出效益增加的背景下，购买力会保持稳定或逐步提升，这表明流通部门的技术进步能够有效抑制通货膨胀。横轴代表流通部门技术 M2，随着流通部门技术 M2 的提高，工资水平上升，最终有效抑制通货膨胀。横轴代表流通部门技术 M_2，随着流通部门技术 M_2 的提高，工资水平 W_t 上升，最终消费量 Y_t 上升，消费数量 C_t 也随之上升，具体见图 4-7。

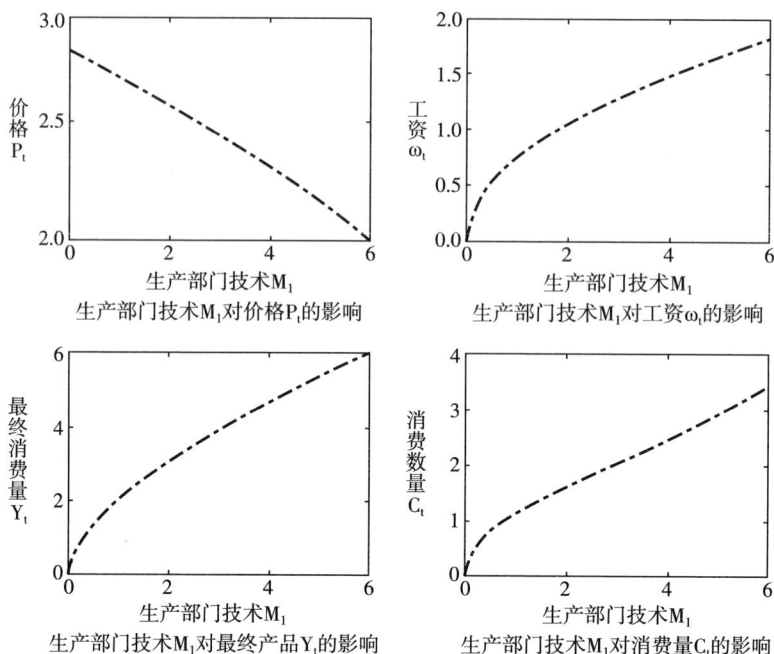

图 4-6　生产部门技术的影响

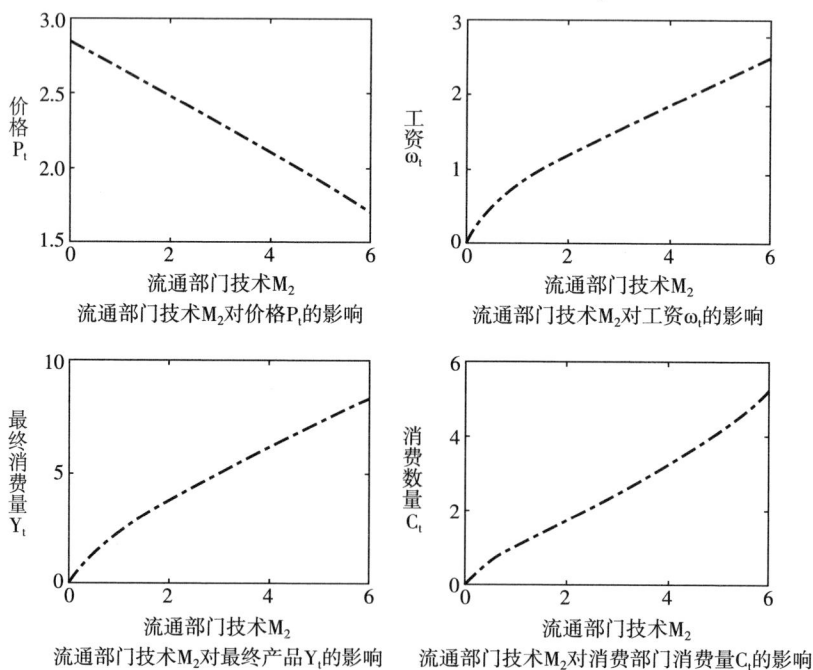

图 4-7　流通部门技术的影响

第四节　实证检验结论

本章通过构建生产—流通—消费三部门封闭经济系统数理模型，借助比较静态分析，分析了流通环节作用于经济空间内生产、消费、外部性的机制。从比较静态分析的结果可以看出，生产技术与流通技术进步是推动劳动力资源流动与重新配置的重要作用力，其中，生产与流通的数字化升级是实现经济高质量发展、提高单位劳动报酬与产出的重要内容。具体而言，流通技术进步体现在推动劳动力向生产部门转移上，增加单位劳动报酬以及最终产品供给量，从而降低最终产品价格或者保持物价稳定，发挥抑制通货膨胀的作用。中间产品生产技术系数直观地显示出，流通技术进步显著降低商品流通损耗，提高流通供给与需求的匹配程度，平抑商品价格，增加最终消费品数量以及下个周期的资本投入量。降低垄断势力和竞争策略（价格战、营销费用）的影响，能促进经济系统各部门平均劳动的资本投入和产出增加，抑制通货膨胀，提高劳动力实际工资，缩小贫富差距。因此，从实际来看，应该加速生产和流通环节的数字化转型，加速数字经济空间建设；不断完善流通体系建设，提高流通双向匹配能力；同时抑制垄断势力与竞争策略，促进经济系统各部门投入产出增加，进而实现经济高质量发展。

第五章

流通环节作用于经济高质量
发展机制的案例检验

上述利用生产、流通、消费三部门封闭经济系统模型，通过比较静态分析，比较了六项因素变化对均衡所产生的影响，对部分理论模型进行了实证检验。但是，三部门封闭经济系统模型只是对理论模型的进一步抽象，部分关键因素的变化对均衡分析的影响可能没办法实现，将在具体案例检验部分进一步验证。本书借助阿里巴巴集团的案例，进一步验证了流通环节作用于经济高质量发展的机制，进一步验证了理论模型。

第一节　案例选取

在选取流通环节作用于经济高质量发展机制的案例时，案例选取的标准是该微观经济主体是全球流通实践的典型，其先进的做法与存在的问题都体现了本书的作用机制与因果关系，并且典型案例代表了流通实践的现实与未来。本书在案例比较时，初步选取了阿里巴巴、亚马逊、沃尔玛等多个微观案例，但在系统比较过程中，最终选取阿里巴巴集团作为最终研究案例，其主要原因在于：首先，根据对阿里巴巴集团多年跟踪调研与案例开发，其基本做法是创设实体经济空间和数字经济空间，契合本书对流通微观机制的基本观点，尤其是阿里巴巴集团在数字经济空间的创设与应用，走在了世界的前列。其次，通过阿里巴巴集团主动披露厂商的年度财务报表，可以对生产质量、交易质量、消费质量和外部性进行微观数据收集，进一步证明作用机制及其结果。再次，阿里巴巴集团案例的价值还在于其经营过程中体现出的破坏性经济空间行为，以及厂商、消费者互动过程中体现出的负面行为，为流通规制提供了直接的现实依据。最后，以阿里巴巴集团为案例进行研究，研究资料比较丰富。在研究过程中，本书不仅做了详细的深度访谈，还收集了阿里巴巴集团内部大量的二手资料，有较多的外部资料可以研究借鉴和互相印证，为研究提供多元化的资料来源，符合扎根理论的"三角验证"逻辑。

第二节 方法选择

本章的主要目的是研究流通过程作用于经济高质量发展的微观机制，前四章已经建立了比较完善的理论框架与体系，在此基础上需要寻找典型流通企业的演化是否符合其基本理论，因此，比较适合采取案例研究的方法。案例研究是典型的归纳研究思路，归纳研究的特点在于，能够为研究的问题提供充分的材料，从而反映研究目标的真实性与复杂性，能够回答"为什么"和"怎么样"的问题。案例研究的另一个关键在于，对典型案例的选择，不仅要充分契合研究理论框架，更要在理论框架下对典型企业案例的理论细节进行挖掘，使案例与理论框架、研究目标充分契合。因此，本书在理论构建过程中对大量的经典案例进行了筛选与分析，通过采集各种性质的数据，扎根于数据分析结果，并结合相关理论基础，对流通作用于经济高质量发展的微观机制进行理论的探索性构建。

在具体研究过程中，首先，明确研究问题为经济空间，因此，案例的选择需要针对研究问题并具备典型性，再确定案例的收集方案。其次，将阿里巴巴集团作为研究的典型案例进行分析，明确阿里巴巴集团构建双边市场平台的过程以及平台生态系统的演化过程是案例分析的重点，逐步收集阿里巴巴集团相关案例的细节与数据。再次，将收集到的海量资料与数据进行归纳分析，构建开放式编码，并不断补充与收集数据，在动态分析与归纳过程中，将出现频率最高、最重要的开放式编码升级为核心编码。最后，通过分析编码间的关联性，理论抽样寻找新的数据，再完善数据的概念类属，归纳出解释作用机制的微观逻辑框架，最终构建起微观理论框架，揭示流通过程作用于经济高质量发展的微观机制。

第三节 数据收集

本书对阿里巴巴集团一手资料的收集开始于 2015 年，经阿里巴巴集团内部人员的引荐和安排，先后与阿里巴巴集团的六位中高层管理人员进行了半结构化访谈，平均访谈时间超过 30 分钟。此外，还参观了阿里巴巴集团总部和北京分中心，深入了解了阿里巴巴集团共享业务中心和阿里云公司，整理出一些了现场观察记录。同时，获得了阿里巴巴集团的部分内部资料和书面教材的二手资料：《智能商业》（曾鸣著，中信出版社，2018 年 11 月）、《企业 IT 架构转型之道：阿里巴巴中台战略思想与架构实战》（钟华著，机械工业出版社，2017 年 5 月）、《大数据之路——阿里巴巴大数据实践》（阿里巴巴集团数据技术及产品部，电子工业出版社，2017 年 7 月）、《马云：未来已来——阿里巴巴的商业逻辑和纵深布局》（阿里巴巴集团著，红旗出版社，2017 年 4 月），以及部分互联网资料。随着强监管时代的来临，阿里巴巴集团存在"二选一"和排他性协议等滥用市场支配地位的行为。自 2020 年 12 月起，国家市场监督管理总局依据《中华人民共和国反垄断法》（以下简称《反垄断法》），对当事人涉嫌实施滥用市场支配地位的行为开展了调查。其间，披露了大量数据，《国家市场监督管理总局对阿里巴巴的行政处罚决定书》成了研究破坏性经济空间的主要依据。

第四节　阿里巴巴集团经济空间的形成过程

一、实体经济空间

多方资料共同证明，阿里巴巴集团是典型的流通企业，如《国家市场监督管理总局对阿里巴巴的行政处罚决定书》将阿里巴巴集团所处的相关市场界定为中国境内网络零售平台服务市场。阿里巴巴集团从创设 1688 以来，始终专注于中国流通环节，致力于"让天下没有难做的生意"。根据表 5-1，我们将阿里巴巴集团的历史演进过程分为五个阶段。

表 5-1　阿里巴巴集团的历史演进与组织变革

发展历程	变革年代	发展战略	战略重心	组织方式
第一阶段	2003~2008 年	平台搭建	交叉网络外部性	科层制
第二阶段	2009~2012 年	专业化分工	内部优化（搜索）	市场组织
第三阶段	2013~2016 年	生态系统构建	网络协同（数据中台）	网络组织

续表

发展历程	变革年代	发展战略	战略重心	组织方式
第四阶段	2017 年至今	新零售赋能	数据智能（物联网）	网络组织
第五阶段	未来	智能演化生态体	新商业文明	自组织

资料来源：笔者根据公开资料整理所得。

（1）2003~2008 年。

基本业务拓展。1999 年，阿里巴巴集团成立，1999~2002 年，阿里巴巴集团布局 B2B 模式，推出专注于国内批发贸易的中国交易市场——1688，1688 以批发和采购业务为核心，通过专业化运营，完善客户体验，全面优化企业电子商务的业务模式。1688 业务的产生，是浙江省线下批发市场转型线上的突破口，是历史的必然结果。2003~2008 年，阿里巴巴集团开始尝试零售业务，基本完成网络零售业务布局。2003 年初，阿里巴巴集团开始寻找新的增长点，于 5 月推出淘宝，11 月推出网上实时通信软件贸易通（阿里旺旺）。2004 年，阿里巴巴集团创立独立的第三方电子支付平台——支付宝，使买卖双方更放心地基于淘宝平台进行交易。2005 年，阿里巴巴集团收购雅虎中国；2006 年，阿里巴巴集团收购口碑网；2007 年，阿里妈妈集团创立。

淘宝的基因。2003 年，马云从国外购买一款软件，基于这款软件的改造，形成早期的淘宝。在梳理阿里巴巴集团零售业务发展历史时，广泛访谈了早期的淘宝卖家、主要参与者、淘宝早期员工，最终提炼的关键词是协同网络。为了让更多卖家在淘宝平台进行销售，淘宝建立了早期的社区，由于当时计算机普及程度与操作技能欠缺，淘宝卖家是弱势群体，为了让淘宝卖家掌握在淘宝平台的销售技巧与基本技能，绝大部分参与者愿意在社群里分享心得体会与经营要点。由于已有的淘宝卖家无偿地将经验分享给其他潜在卖家，客观上带动了卖家的快速增长以及整体卖家服务能力的提升。正是由于淘宝社区、在线 BBS 的属性，卖家的免费分享与信息交互，使淘宝迅速扩张，成为一个利益共同体，协同网络由此搭建而成。淘宝的起点是社区，是在线 BBS，而京东的基因是线下实体，是 B2C 模式，淘宝与京东基因不同，演化路径大相径庭。

基本定位的确立。随着消费者对淘宝认知程度的增加，淘宝的销售额快速攀升，在早期已经集聚了 20 余万个卖家。原本简单的店铺风格已经满足不了日益庞大、复杂的消费人群，要求淘宝店铺必须更加美观，同时体现出销售商品的风格特征。关于是否为淘宝卖家提供直接店铺装修时，淘宝内部产生了利益分歧，毫无疑问，20 余万卖家的店铺装修工作将成为新生淘宝重要的利润来源，但淘宝内部能否满足卖家逐渐增多的装修业务需求。很快平台就意识到，如果淘宝向用户提供店铺设计服务，所有的事情由自己完成只会导致团队臃肿和效率低下，最终的效果也无法让消费者满意，毕竟当时的淘宝团队还没为几十万卖家同时提供设计服务的能力，最终淘宝平台只为卖家提供一个基础版本，如果需要更美观、更个性化的装修服务，可以通过购买第三方服务实现。自此，除了买卖双方之外，淘宝产生了新的职业——软件设计师。通过店铺装修业务的考量，淘宝平台充分意识到应将重心放在平台业务自身，完善协同网络的搭建，其他业务通过分工由市场完成。基于基本定位的认识，淘宝平台迅速产生了物流、网页设计师等各种新的职业，新的分工得以出现，进一步完善了淘宝早期的分工体系，协同网络基本形成。

协同网络的形成。淘宝作为典型平台，早期已经开始探索平台经济的经营策略。在面对易贝易趣的竞争时，淘宝早期也在积极探索收取店铺租金、会员费、渠道费用等方法，在经过经营团队深入讨论后，达成一致共识：如果过早收取费用，将陷入传统零售模式的泥潭，并且淘宝开店成本将大幅度上升。在持续免费的政策背景下，大量卖家进入淘宝，淘宝平台的交叉网络外部性开始出现，最直观的体现为 B 端与 C 端用户的涌入。B 端商家大量入驻，极大地丰富了商品种类，B 端商家的直接参与供给，使其具有比传统线下零售渠道更有竞争力的价格以及更具差异化的服务。C 端消费者体会到线上渠道的优势后，爆发式地涌入平台，于是，再次刺激 B 端商家几何式入驻。这样的正向循环使淘宝用户数量极速扩大，并出现类似自然生态系统中各司其职的参与者，形成繁荣的淘宝生态。值得一提的是，淘宝作为后入场的玩家，能够打败美国电商平台易贝的关键点就是淘宝鼓励开放，淘宝允许商家与消费者直接沟通联络，进行售后与使用体验反馈，易贝则忽视了与用户直接沟通的机会。淘宝这种开放最直观的体现就是用户评价系统，用户通过评价工具，将使用感受、商品实物直接分享到平台，由此形成用户与潜在用户、用户与商家之间的互动，这种互动会驱使商家不断改进，同时，也会鼓励或者引导潜在消费者做出决策，这种网络效应的释放，让淘宝生态更加繁荣。

2003~2008 年，淘宝处于平台搭建时期，在这一时期平台实现了从无到有、从小到大，其基本原因在于：一是基于在线社区 BBS，淘宝卖家在线交互并免费分享经验，搭建了早期的协同网络，形成了淘宝早期的基因；二是确立平台的基本定位，充分将业务拆分给第三方，出现了模特、物流、客服、软件设计等职业，更加完善了淘宝的协同网络；三是持续的免费政策，使淘宝平台卖家、买家的交叉网络外部性不断增强，协同网络持续扩张。

（2）2009~2012 年。

主要业务布局。2008 年 9 月，阿里巴巴集团提出后工业化时代和电子商务系统的概念，主导方向发生转型。2009 年，阿里巴巴集团内部开始针对是否进入云计算领域展开深入讨论，认为云计算是互联网时代的基础设施。2010 年，阿里巴巴集团明确提出，互联网时代将呼唤全新的商业文明。2008 年，天猫商城成立。2009 年，阿里云成立，同时，阿里巴巴集团推出"双 11"购物节。2009 年 3 月，阿里巴巴集团推出按效果付费关键词竞价系统"网销宝"。2009 年 9 月，阿里巴巴集团收购中国最大的互联网基础服务提供商中国万网。2011 年 6 月，"大淘宝"战略升级至"大阿里"战略，将和所有电子商务的参与者充分分享阿里巴巴集团的所有资源，包括所服务的消费者群体、商户、制造产业链，以及整合信息流、物流、支付、无线和以提供数据分享为中心的云计算服务等，为中国电子商务的发展提供了更好、更全面的基础服务。

搜索引擎引入。在淘宝开始布局零售业务阶段，淘宝的类目十分有限，仅仅只有男装、女装、儿童用品等，消费者按照类目只需两三步就能完成搜索任务。但随着淘宝平台会集了几十万卖家和上千万种商品，仅依靠类目搜索的浏览路径已不再友好，为了满足消费者信息搜索的要求，淘宝在借助雅虎团队技术优势的基础上，在淘宝平台引入了搜索引擎，同时，在搜索引擎的基础上对搜索排名进行了客观排序。2008~2011年，搜索引擎的引入迅速使搜索引擎替代类目搜索成为流量的最主要来源。搜索引擎的引入在解决消费者信息搜索的同时，通过竞价排行的广告模式，开始在淘宝平台推行精准广告，通过精准广告将小广告主和淘宝搜索，以及站外很多小网站的流量全部加以连接，淘宝的协同网络进一步拓展，同时，竞价排行模式充分展现淘宝流量的优势，将流量变现。

专业化分工与复杂双边市场形成。如果说"平台搭建导致双边市场的扩张"是淘宝早期的核心特征，那么当这些新角色不断产生后，淘宝在第二个阶段的核心特征就是从一个简单的双边市场演化成一个复杂的多边市场，实现了专业化的分工，多元角色在其中相互协同表现得越来越充分，淘宝也越来越立体。早期支付宝作为主要资金担保中介接入淘宝平台后，支付宝不断开始消费金融创新。随着淘宝商家数量的增多与站外小网站流量的介入，淘宝的标准接口面临挑战，为了应对标准接口问题，淘宝开发了商家服务平台，在此平台上为商家提供了完整的软件服务，流量较大的商家一次性采购上百个服务插件，由此使更多第三方服务企业连接在一起。

2009~2012年，淘宝处于专业化分工时期，在这一时期平台的分工越来越细化、越来越专业，其基本原因在于：一是搜索引擎的引入，大量不同种类的商品进入淘宝，平台将几千上万种商品进行细化分类，并且借助雅虎团队专业化的技术实现商品搜索的便捷性，实现淘宝的内部优化；二是在搜索引擎的基础上推行精准广告，精准广告可依据消费者搜索记录为其匹配其感兴趣的广告，通过广告的精准投放达到流量变现；三是开发商家服务平台，商家在此平台采购所需插件，以专业化分工的形式将第三方企业、淘宝平台、商家联系起来。

（3）2013~2016年。

主要业务布局。2013年，阿里巴巴集团设立了首席数据官的岗位，全力推动大数据和机器学习方面的技术进步与商业创新，并且与多家物流公司共同创立菜鸟网络。2014年，马云提出数据时代的概念，与银泰成立合资企业，支付宝独立，成立蚂蚁金服公司，在中国发展O2O业务。同年，阿里巴巴集团于纽交所挂牌上市。2015年，淘宝千人千面的个性化推荐开始释放出巨大的客户价值，并收购了视频播放软件优酷和土豆。2016年，马云进一步提出了"五新"战略和互联网经济的思想。

商业基础设施基本形成。在深化分工基础上，阿里巴巴集团的零售平台先后开展了物流、金融、社交、软件服务、大数据、云计算等服务，基于此，阿里巴巴集团孵化出支付宝、菜鸟物流、阿里云、蚂蚁金服、芝麻信用等平台。菜鸟物流依托阿里巴巴集团的物流需求，与主要物流公司成立了中国智能物流骨干网，中国智能物流骨干网连接了所有物流公司、快递人员、仓储配送中心。基于菜鸟物流，物流活动的参与各方能实时在线互动，并基于数据沉淀，依托协同网络进行高效匹配，这一生态的力量进一步延伸到采购、批发，最终延伸到整个供应链。同时，基于完备的消费者数据与商家数据，在支付宝的基础上，阿里巴巴集团成立了蚂蚁金服，尝试改变小微企业融资贷款困境。蚂蚁小贷是蚂蚁金服针对小微企业推出的用以解决经营资金周转难题的核心产品。小微商家在线提交贷款申请，系统会快速进行审核，通过后贷款会快速汇入商家账户，整个决策过程真正做到无人放款、无人审批。值得一提的是，蚂蚁小贷的贷款坏账率明显低于传统银行业，这与蚂蚁小贷的决策及运转过程密切相关。蚂蚁小贷通过淘宝平台直接接入信贷商家的活动信息与数据，包括卖家经营产品、店铺交易额、用户满意度以及历史交易记录、纠纷等信息，这种多维度、大量的信息均由计算机自动采集，完成后便形成最真实的放贷决策依据，这种多维度的决策信息也是蚂蚁小贷坏账率低于传统商业银行的关键。可以将蚂蚁小贷的业务内容归结为三个核心点：首先是特定商业场景的业务数据化，其次是基于商业逻辑的算法设计与快速迭代优化，最后是数字技术与商业场景的高度协同。这三个核心点逐步递进，共同演化与进步，推动消费场景智能化进程。在支付宝、菜鸟物流、阿里云、蚂蚁金服、芝麻信用的基础上，阿里巴巴集团基本形成了覆盖全社会的商业基础设施，商业基础设施的形成为阿里巴巴集团未来的线下赋能与智能演化提供了基础，也是阿里巴巴集团业务环节中最重要的一步。

2016 年，马云在云栖大会上首次提出"新零售"的概念，随即引发行业广泛关注。阿里巴巴集团在零售方面的布局从 2014 年入股银泰开始，2015 年又与苏宁牵手。在"新零售"战略提出之后，阿里巴巴集团在零售方面的布局明显加速，典型事件包括战略入股线下零售企业三江购物、联华超市和新华都，发展新兴业务，如盒马鲜生、零售通、淘咖啡无人便利店。新零售的核心将从销售商品转向服务消费者，采用互联网、大数据、物流和支付等手段驱动线上线下融合，促进零售企业数字化转型。表 5-2 是阿里巴巴集团新零售布局事件的具体梳理。

表 5-2 阿里巴巴集团新零售典型实践

时间	标签	事件
2014 年 3 月	银泰商业	阿里巴巴集团将以 53.7 亿港元对银泰商业进行战略投资。交易完成后，阿里巴巴集团将持有银泰商业 9.9% 的股份及总额约 37.1 亿元港元的可转换债券，持股比例不低于 25%
2015 年 8 月	苏宁易购	阿里巴巴集团于 8 月 10 日宣布战略投资苏宁约 283 亿元人民币，成为第二大股东；苏宁将以 140 亿元人民币认购不超过 2780 万股的阿里巴巴集团新发行股份。双方将打通线上线下，全面提升效率
2016 年 1 月	盒马鲜生	盒马鲜生是阿里巴巴集团对线下超市完全重构的新零售业态。阿里巴巴集团以 1.5 亿美元领投盒马鲜生，打造线上线下全渠道商业模式。盒马鲜生首店于 2016 年 1 月在上海浦东金桥开店，面积 4500 平方米，创始人为侯毅
2016 年 10 月	马云提出"新零售"	阿里巴巴集团董事局主席马云在杭州发表演讲，首次提出"新零售"的概念

续表

时间	标签	事件
2016 年 11 月	三江购物	阿里巴巴集团子公司以 21.5 亿元人民币收购总部位于浙江的上市公司三江购物 32% 的股份，成为战略投资者
2017 年 1 月	银泰商业	阿里巴巴集团全资子公司阿里巴巴投资与沈国军组成的联合要约方以 198 亿港元购入银泰商业计划股，交易建议完成后，阿里巴巴集团持股比例达 73.73%，成为银泰控股股东。5 月银泰私有化方案获批，股票于港交所退市
2017 年 2 月	百联集团	阿里巴巴集团在上海衡山宾馆宣布与百联集团达成战略合作
2017 年 3 月	阿里研究院	阿里研究院发布新零售研究报告作为其对新零售的权威解读
2017 年 5 月	联华超市	阿里巴巴集团与易果生鲜签订《股权转让合同》，阿里巴巴集团向易果生鲜购入联华超市 18% 股权，成为联华二股东
2017 年 7 月	阿里无人超市	杭州街头第一家阿里无人超市开业，顾客使用手机淘宝或支付宝扫码进店
2017 年 7 月	盒马鲜生	马云携阿里巴巴集团众高管巡店盒马鲜生，正式对外承认盒马鲜生地位
2017 年 8 月	易果生鲜	易果生鲜宣布完成 D 轮融资，投资方天猫注资 3 亿美元。2013 年，阿里巴巴集团投资易果生鲜，易果生鲜成为阿里巴巴集团在生鲜方面的战略合作伙伴。至 2017 年 8 月，阿里巴巴集团与天猫已先后参与易果生鲜的四轮融资
2017 年 8 月	零售通	8 月 28 日，阿里巴巴集团零售通宣布其覆盖的零售小店数量突破 50 万家，已成为快消 B2B 领域覆盖店数最多的平台之一。在这场名为"兼木成林，容川入海"的战略发布会上，阿里巴巴集团表示将在未来一年覆盖 100 万家零售小店，并推出了零售通线下项目——天猫小店
2017 年 9 月	新华都	通过阿里巴巴（成都）软件技术公司及一致行动人入股新华都 10%，并达成战略合作
2017 年 11 月	高鑫零售	11 月 20 日凌晨，阿里巴巴集团正式宣布，阿里巴巴集团将投入约 224 亿港元（约 28.8 亿美元），直接和间接持有高鑫零售 36.16% 的股份。高鑫零售是我国零售界目前规模最大的零售公司，旗下的欧尚、大润发两大品牌在全国 29 个省（自治区、直辖市）都开设有大型超市和大卖场
2018 年 4 月	饿了么	4 月 2 日，阿里巴巴集团、蚂蚁金服与饿了么联合宣布，阿里巴巴集团已经签订收购协议，将联合蚂蚁金服以 95 亿美元对饿了么完成全资收购

资料来源：笔者根据公开资料整理所得。

　　2013~2016 年，阿里巴巴集团生态系统形成。如图 5-1 所示，以淘宝、天猫、聚划算等线上交易平台为核心，支付宝、菜鸟物流、阿里云、蚂蚁金服、芝麻信用等平台提供互补服务，并在数据中台战略实施后，应用程序接口相继兼容，淘宝协同网络的复杂结构开始形成。在阿里里巴巴集团社会化协作网络的基础上，开始利用数据赋能零售平台卖家，演化出全新生态物种。

图 5-1　阿里巴巴集团生态系统

资料来源：阿里巴巴全域数据建设［EB/OL］. 数据观，［2017-10-18］. https：//mp. weixin. qq. com/s/ikg2XRDZl_ ZQZQAvmDSzXg.

二、数据经济空间

随着线上线下渠道的布局与深度融合，阿里巴巴集团在流通环节创设了覆盖全社会的实体经济空间，实现流通要素的高效配置。同时，为了提高流通要素的配置效率，实现流通全过程的信息完全，阿里巴巴集团积极创设数字经济空间集团，数字经济空间的演化伴随着阿里巴巴集团组织技术架构的迭代。通过技术架构的演进，分析阿里巴巴集团组织技术架构的演进及数据在零售活动中的地位与作用的逐步变化，数据部门从原本的辅助部门、消耗部门逐步成为企业的战略中心，以此说明为什么数据是零售业态演化的基本驱动力。

（1）烟囱式技术架构。阿里巴巴集团开始于 1688 的 B2B 模式，为了服务 1688 事业部，早期的阿里巴巴集团成了 1688 的技术团队，主要负责 1688 事业部的业务拓展与中后台处理。随着 2003 年淘宝事业部的成立，零售业务逐渐成为阿里巴巴集团业务的重心，淘宝技术团队成立并逐渐发展壮大。2008 年，阿里巴巴集团成立了天猫事业部，由于缺乏技术服务人员，淘宝技术团队同时肩负着淘宝事业部与天猫事业部的任务（见图 5-2）。这样的技术架构决定了淘宝的业务需求对于技术团队永远处于优先级，原因很简单，技术团队无论是从情感还是从技术熟练程度方面都倾向于淘宝，天猫事业部的技术支持得不到满足，严重影响了天猫的业务发展。另一个重要问题是淘宝、天猫是两套完全独立的运营体系，包含了商品、交易、评价、支付、物流等功能，而这两套独立运营体系的功能绝大部分都是重合的。

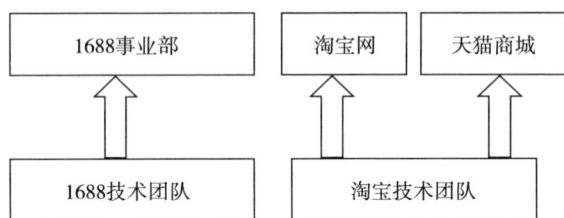

图 5-2 阿里巴巴集团三大电商体系的技术支持架构

资料来源：韩朝亮，韩平. 生产组织、消费者决策与零售业态演化［M］. 北京：经济管理出版社，2020.

2008 年，阿里巴巴集团在淘宝的技术团队同时支持着淘宝和天猫两大电商平台。1999 年成立的 B2B 电商平台 1688 一直拥有自己的技术支持团队，阿里巴巴集团三大电商体系的技术支持架构如图 5-2 所示。完全独立的三套架构各自开发与运维，无论是 B2B 和 B2C 还是 C2C，从基本的业务流程和服务内容来看基本是相同的，如信息展示、交易支付、用户评价、第三方端口，很明显其存在公共和通用的功能，可以共享。阿里巴巴集团的烟囱式技术架构是早期中国企业系统建设的共同特征，其突出的弊端体现在三个方面：一是重复建设和维护带来的重复投资，1688、淘宝、天猫平台在信息展示、交易支付、用户评价、第三方端口方面都需要重复建设，在后期维护中，需要不断进行投资。二是烟囱式系统间交互的集成和协作成本高昂，随着业务的发展，品牌商着急获取最终用户的消费行为、偏好等信息，从而为用户的精准营销做有力的数据支持，但发现用户的会员信息、商品信息、订单信息、消费行为信息等都被之前的烟囱式系统建设方式拆分到了不同的系统中，因此，不得不开始打通这些"烟囱"，获得品牌商所需的全局会员以及消费数据。但在现实操作中，由于数据格式的不同以及端口的差异，系统内交互与集成的难度极高，集成的过程不亚于重建系统。三是不利于传统业务的沉淀与新业务需求的持续发展。由于外部环境的复杂化，对新业务的需求与日俱增，烟囱式技术架构难以满足对传统业务的要求，对新业务需求更是无能为力。

（2）数据共享技术架构。基于烟囱式技术架构的弊端，2009年，阿里巴巴集团成立了共享事业部，共享事业部与淘宝事业部、天猫事业部在级别上是相同的。阿里巴巴集团的初衷很简单，想通过共享事业部进一步梳理淘宝、天猫的业务流程，将两个平台公共的、通用的业务功能沉淀到共享平台，避免重复投资，同时加速数据的共享与沉淀。但事与愿违，与其他企业的情况相同，技术部门在集团中的定位仍然是决策支持部门，是消耗资源的部门，而非战略部门，其话语权与淘宝事业部、天猫事业部根本不在一个层级。伴随着淘宝事业部、天猫事业部业务需求的激增，共享事业部在有限的人力、物力、资源的基础上，很难满足两大事业部的要求。问题的解决源自团购入口——聚划算的成立，聚划算上线后高速增长，1688、淘宝、天猫的商品只要进入聚划算平台，销售额立刻增长，1688、淘宝、天猫出于对新增长点的追求，纷纷要求对接聚划算，此时，阿里巴巴集团意识到这是提升共享事业部绝好的机会，要求凡是对接聚划算平台端口，必须通过共享事业部实现，由此，不仅提升了共享事业部的战略地位，更为关键的是还将以前难以推动的业务共享顺理成章地实现了。图 5-3 清晰地描述了"厚平台、薄应用"的架构形态，目前，阿里巴巴集团前端超过 25 个业务单元（如淘宝、天猫、聚划算）不是独立地构建在阿里云的云平台之上，在后端，阿里云平台和前端业务间有一个共享业务事业部，将阿里巴巴集团前端业务中公共、通用的业务沉淀到这个事业部，包含用户中心、商品中心、交易中心、评价中心等十几个中心，而共享业务事业部正是厚平台的真实体现，为阿里巴巴集团各种前端业务提供了相应的服务中心领域最为专业、稳定的业务服务。

共享事业部的成立和发展是技术实质建立在企业服务总线 EBS 基础上不同系统之间的集成与共享，以技术的视角选择了一个科学的架构，实现了系统的互联，利用企业服务总线构建了一个企业内部的服务路由枢纽和渠道。

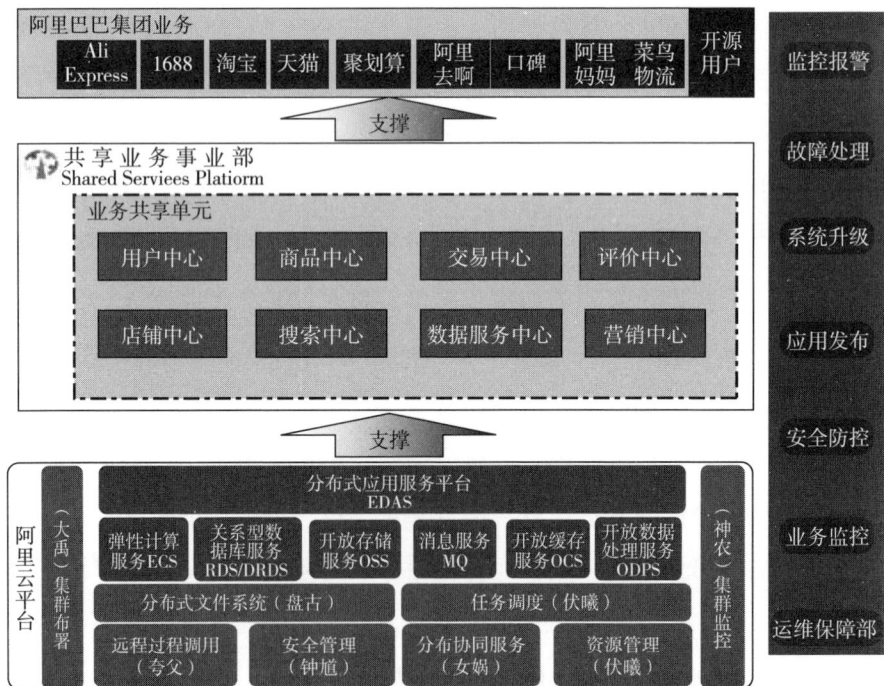

图 5-3　阿里巴巴集团共享数据技术架构

资料来源：钟华. 企业 IT 架构转型之道 阿里巴巴中台战略思想与架构实战 [M]. 北京：机械工业出版社，2017.

其优势是避免了重复建设和后期重复投资，面对迅速发展的新业务要求，共享事业部企业服务总线（EBS）模式能够满足其需要。其根本原因是共享事业部 EBS 技术架构仍然是静态的，在面对新业务要求时，企业业务流程已经完成了封装和改造，共享事业部从自身的利益和风险评估角度考虑，绝大部分的情景是拒绝的，因为改造升级后的结果能否满足新业务的需求以及是否存在系统风险结果是未知的，处于多一事不如少一事的心态，所以面对天猫事业部、淘宝事业部的新业务要求，往往是拒绝的。更为关键的是，KPI 的考核核心仍以稳定为主，所以共享事业部的技术架构仍然不能满足动态变化的外部环境的需求，难以对业务进行有效沉淀和持续高速发展。

（3）数据中台技术架构。图 5-4 是互联网时代与非互联网时代业务对系统的需求以及系统响应能力的曲线。可见，进入互联网时代，业务对系统的需求激增，传统系统响应能力与业务对系统的需求之间的距离越来越大，这也是阿里巴巴集团需改变传统烟囱式技术架构与企业服务总线技术架构的根本原因。

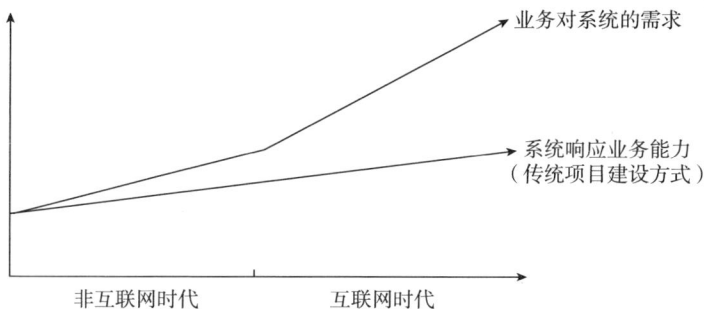

图 5-4　系统响应能力与业务对系统需求的差异曲线

资料来源：韩朝亮，韩平．生产组织、消费者决策与零售业态演化［M］．北京：经济管理出版社，2020．

在阿里巴巴集团共享事业部的存续后期，外部环境发生了重大变革。一是业务快速迭代，新的业务不断要求技术架构的服务接入；二是数据成为企业的战略资源，要求技术架构不断地进行数据沉淀、输出。面对外部环境的变化，要求改变传统形态的技术架构，实现组织架构的实时动态感知；要求改变传统中心式的 EBS 服务总线架构，确立基于分布式网络的去中心化服务架构；要求构建符合 DT 时代的具有创新性、灵活性的"大中台、小前台"组织机制和业务机制。SOA 架构正好适应了外部环境与技术架构的要求，SOA 架构的主要特征包括面向服务的分布式计算，服务间松散耦合，支持服务的组装，服务注册和自动发现，以服务契约方式定义服务交互方式。基于 SOA 技术架构的核心思想与基本特征，阿里巴巴集团开始探索技术中台战略。

2015 年，阿里巴巴集团宣布启动中台战略，到 2018 年完成组织架构调整，形成符合消费趋势与组织演变趋势的"大中台、小前台"业务机制与组织机制。中台战略兼具灵活性与创新性，"小前台"使距离用户最近的产品快速捕捉高速变化的市场需求，"大中台"则沉淀形成数据池，基于数据池对数据进行快速利用与开发，实现前台产品的迭代与升级，为前台的业务发展提供强大的支撑，如图 5-5 所示。阿里巴巴集团的中台技术架构的核心主要在于以下三个方面：首先，确定数据中台部门是企业的战略中心，而非传统成本中心；其次，坚持大中台、小前台，中台充分为前台业务创新赋能；最后，基于互联网的去中心化分布式架构能快速感知外部环境变化。

阿里巴巴集团的中台架构包括基础数据存储和技术平台阿里云、人工智能、机器学习引擎、DT 个人信息助手（数据技术人工智能平台），代码、算法、模型的共创平台，项目管理和工程平台，以及应用层面的商业智能分析、调研、设计和开发应用平台等（见图 5-5）。在具体实施的过程中，难度可想而知，由于数据中台需要协同阿里巴巴集团所有的业务部门，其所有业务部门的数据割裂且不兼容，就连基本的对性别的定义方式都各有不同，可想而知其难度多大。从 2015 年开始，几百人的团队经过三年的努力，仅仅统一了一般部门的数据格式。

图 5-5　阿里巴巴集团数据中台全景图

资料来源：阿里巴巴全域数据建设［EB/OL］．数据观，［2017-10-18］．https：//mp. weixin. qq. com/s/ikg2XRDZl＿ ZQZQAvmDSzXg.

数据中台架构难度如此之大，为什么阿里巴巴集团还要尝试。其核心原因包括以下三点：一是数据的沉淀。经过数据定义、计算、存储之后，放到数据中台后，所有数据、代码、元数据和描述文档都将充分共享，其他部门在进行新业务开发时，可以在现有的基础上进行再创新，创新效率得到极大提高。每一次创新同样在中后台平台上沉淀，智能、技术、经验、模式都以这种机制日益丰富，共同迭代，从而形成难以被其他平台超越的创新壁垒。二是为 KPI 考核提供了丰富的数据来源，每个人做了什么，做了多少，有多少被其他人利用，在数据中台上一目了然，更有利于激励创新。三是输出能力，经过数据沉淀，数据中台一定会成为企业最重要的战略资源，为数据变现、对外输出提供可能，这也是阿里巴巴集团赋能新零售的主要优势来源。

三、经济空间

通过对阿里巴巴集团实体经济空间与数字经济空间的分析，基本形成了实体经济空间与数字经济空间相互映射、相互控制的平行系统。实体经济空间主要由建设性经济空间与破坏性经济空间构成。建设性经济空间主要是围绕建立连接、精准匹配形成的，阿里巴巴集团搭建覆盖全社会的1688平台（B2B）、淘宝平台（C2C）、天猫平台（B2C）、口碑平台（O2O）、支付宝平台、菜鸟物流平台和阿里云平台，加之通过资本运作直接、间接控制的平台类企业，阿里巴巴集团基本覆盖商品流通环节的商流、物流、资金流等。同时，阿里巴巴集团通过线上平台优势，不断赋能、拓展线下平台，通过数据优势孵化盒马鲜生，全资收购大润发超市，间接持股苏宁云商，初步形成了覆盖主要城市的线下流通平台。综上所述，阿里巴巴集团通过线上线下平台的构建，形成了连接生产厂商与消费者的建设性经济空间。

除了建设性经济空间，阿里巴巴集团还为流通过程创设了破坏性经济空间。这种网络体系所采取的手段，已经不符合人类生存与发展的需要，纯粹是为了瓜分超额剩余价值，借此机会占有超额的价值量。例如，阿里巴巴集团各平台上的商家利用信息上的相对优势做虚假广告欺骗消费者，开展持续不断的价格战；屡禁不止的第三方售假行为，数据滥用与大数据杀熟；阿里巴巴集团出于平台竞争考虑而采取的"二选一"排他性协议、兼并、滥用支配地位、评级混乱、好评返现等行为对提高流通效率是无益的。在这种恶性竞争过程中，某一方资本所获得的超额剩余价值必然带来另一方的亏损，对整个社会来说，社会并没有因此占有任何超额的产品或价值，因此，花在剩余价值争夺上的流通费用（交易成本）不仅会造成社会资源的浪费，而且其所创造的资本经济空间或流通机器还会成为流通领域各种不良现象的"温床"，使社会经济制度趋于畸形，导致社会经济活动无法持续下去。

综上所述，在阿里巴巴集团创设的实体经济空间之上，形成了客观需要所形成的力量以及争夺利益形成的斗争力量，流通领域的流通费用所营造的两种经济空间（建设性经济空间与破坏性经济空间）并非两种相互独立的存在，而是相互纠缠在一起，不可分离，形成了流通领域错综复杂的经济空间整体。它们之间相互对立统一，在资本的经济空间中形成了两种力量之间的对立统一运动。

阿里巴巴集团创设的实体经济空间是聚集全社会人与人、人与物、物与物的交互形成的流通领域的经济空间。以消费者数据为例，阿里巴巴集团的技术人员介绍阿里巴巴集团可以获得并收集以下六类数据：一是个性数据，包括消费偏好、性别、需求范围等；二是需求预期数据，如高频率浏览商品数据、购物车数据、个性化产品定制数据、预订商品品类数据等；三是历史交易数据，涵盖实体店、线上门店、移动商店等全渠道的历史订单、交易数量、交易习惯等内容；四是动线数据，体现为消费者在多渠道之间的跳跃与选择，能够最直观地表现消费者在各渠道的需求特征；五是社交数据，即消费者在社交平台发布的动态、讨论的消费热点等数据；六是时空数据，通过传感器与智能终端的普遍使用，使消费者在特定时间、特定地点的具体行为数据、交易数据的收集成为可能。通过海量多源异构数据的收集，实体经济空间实现了在虚拟空间的数据映射，在极端的情形下，每个行为将产生一个行为数据。数据的产生为控制、优化实体经济空间提供了可能性与依据。阿里巴巴集团通过数据间的相关关系，通过算法开发与应用，实现了对数据空间对应的实体空间的控制。利用阿里巴巴集团创设的实体经济空间与消费演变规律的整体建模，结合注重微观个体层面刻画与强调行为交互的还原建模，两者的结合不仅全面、准确地刻画出参与者的个体行为特征与交互规律，更让真实的消费、交易行为与人工系统进行协同演化、闭环反馈与双向引导，最终构建适应阿里巴巴集团各平台的复杂整体模型，实现系统目标的整体优化。

阿里巴巴集团创设数字经济空间，为建设性经济空间双向匹配与资源优化配置提供了信息完全的控制环境，同时，为破坏性经济空间"作恶"提供了帮助。《国家市场监督管理总局对阿里巴巴的行政处罚决定书》表明，阿里巴巴集团拥有进入网络零售平台市场的先发优势，聚集了大量的经营商家与消费者。此外，阿里巴巴集团作为中国最大的云服务供应商，依托强大的计算能力，对消费者与商家海量的交易行为、支付数据、物流数据等进行计算分析；在此基础上，利用不断优化迭代的算法对消费者提供个性化的产品推动以及搜索排序服务，同时，利用强大的监测与覆盖能力，对平台内经营者的多平台经营行为进行监控与跟踪。阿里云还为阿里巴巴集团提供了大规模的计算能力以及大数据的分析服务，再结合阿里巴巴集团先进的人工智能技术，打造了高度智能且安全的平台生态。综上所述，这样的财务状态以及技术能力形成并强化了阿里巴巴集团的市场能力，为阿里巴巴集团实施"二选一"要求提供了多种工具与措施。流量支撑与限制、人工检查与互联网手段监控等方式是阿里巴巴集团推行"二选一"要求的主要措施。一方面，阿里巴巴集团推出流量激励等措施鼓励经营者采取"二选一"的经营方式，以经营流量与搜索曝光度作为奖励核心；另一方面，采取人工核查与互联网手段监督相结合的方式对经营者进行监控，对在其他平台进行开店、促销与竞争的商家进行检测，依托阿里巴巴集团先天的用户规模、市场力量、计算能力以及算法迭代等优势。对违反经营要求的经营者采取处罚，如取消活动资格、减少曝光与促销资源支持、取消平台所享重大权益以及搜索降权等措施。上述措施会对商家经营利益产生重大损害，扰乱商家正常经营计划以及网络零售市场经营的公平性，促使大量平台的经营者不得不执行"二选一"的经营要求。对于不执行平台"二选一"要求的商家，平台会通过搜索降权直接干预商家的经营。搜索算法的初衷是提高商品搜索的转化率与成功率，使商家的产品与服务得以快速响应消费者的需求，以提高商品销量，为商家赢得更多消费者的关注。但平台一旦启动搜索降权，不仅会降低商家产品的曝光度以及页面排列的位置，甚至会导致商品无法被查询，进而降低商品销量，影响商家的销售利益，最终实现对商家的威慑与惩罚。相关证据表明，部分未服从"二选一"要求的商家遭受到了搜索降权的处罚，利益受到了极大的损害。

第五节　案例分析

上述分析了阿里巴巴集团经济空间的创设过程，流通环节的实质是为经济活动创设空间，下面根据阿里巴巴集团的数据，分析经济空间创设对生产质量、交易质量、消费质量和外部性的影响。

一、生产质量

阿里巴巴集团的首席战略官曾鸣在《哈佛商业评论》上发表《C2B：互联网时代的新商业模式》一文，指出将 C2B（Customer-to-Business）这种新制造模式引入国内。C2B 模式诞生于 1913 年福特汽车生产流水线，试图对传统标准化工业生产模式进行优化，它来自传统工业，但却是全新的生产模式。C2B 模式以消费者的需求数据为基础，在考虑消费者个性化需求的同时，兼顾工业生产的品质与制造效率。2017 年，阿里巴巴集团启动"犀牛智造"，经过两年的建设与投入，2020 年 9 月 16 日，犀牛制造平台正式发布，被称为"一号工程"的犀牛智造工厂在杭州正式投产。犀牛智造工厂肩负着制造与销售的使命，依托云计算、人工智能、物联网等新技术，将消费者动态的需求与销售预测以及柔性制造相连接，发挥个性化生产的能力。在网络零售平台服装业销售规模总量开始显现，增长率下滑，生产能力过剩，消费者需求快速变化的背景下，由蒋凡负责，以淘宝系的服装品类作为改造目标，从供给端着手改变服装业竞争激烈，产业链冗长，五金、拉链、布料等原材料成本高，供给时好时坏，库存积压居高不下的现状。

服装业拥有 3 万亿元的大市场，一直是阿里巴巴集团的支柱产业，但服装行业存在诸多未解决的痛点与难点，如消费数据缺失、用户画像不完整，需求动态调整节奏过快等现实，但这也为新技术的渗透、传统生产经营模式的解构与重构提供了重要机遇。在传统服装制造模式下，为了降低生产成本获得规模效益，服装生产几千件起步，需要根据未来需求与潮流预测提前半年进行生产准备，如生产布料备货、款式版式的敲定、生产线产能排期以及产成品的仓储以及各区域的分发，整个流程准备周期、生产周期、销售周期长，成本高企，经营风险较大，一旦形成库存积压便会造成大额亏损。引入犀牛智造的淘系商家的生产经营周期不仅短，而且对市场需求变化的捕捉以及反应也更灵活。淘系商家依托淘宝采集的大量用户信息形成消费者画像，再根据用户信息以及消费者画像进行需求预测与生产准备。此外，对于潮流与未来需求的预测也会更容易和准确，一方面，阿里巴巴集团强大的算法基础能够对消费者社区、社交软件讨论的消费热点进行跟踪，及时反馈给淘宝商家；另一方面，商家通过淘宝直播平台进行订单预售、产品直播、款式展示等方式直接与更多的消费者连接，获取更多的需求数据，不仅提高了需求的掌控能力，还降低了生产的经营风险。此外，犀牛智造工厂为商家提供了更具弹性、成本更低的生产选择，以几十件为单位进行生产、补货，大大降低了库存压力与销售周期，同时，快速响应市场热点需求。阿里巴巴集团依靠犀牛智造，逐步打造网红电商。网红电商是阿里巴巴集团赋能的最直接体现，网红电商的用户获取、生产设计、物流与供应链、售后服务全部依托阿里巴巴集团赋能。

C2B模式与传统的B2C模式不同，B2C模式的突出问题是，难以将个性化定制与规模化生产相衔接。阿里巴巴集团的出现解决了个性化定制与规模化生产的两难境地。阿里巴巴集团通过沉淀全渠道平台上的数据资源，将消费者行为数据传递给厂商B，使厂商提供满足消费者需要的商品与服务，并在阿里巴巴集团与厂商的持续互动中加速差异化与创新。同时，阿里巴巴集团为厂商B提供稳定的消费者流量，形成合作关系，厂商B如果离开阿里巴巴集团的支持便无法独立完成对客户的服务。阿里巴巴集团各平台借助数据中台沉淀的消费者行为数据与关系数据，确立消费者画像，基于消费者个性化需求，定制个性化商品。此外，天猫商城还推出了一种基于数据智能的 C2B 模式，为个性化定制的发展打开了一扇新的大门。阿里巴巴集团关于 C2B 模式的应用主要体现在小家电定制、汽车定制、网红电商等领域。在小家电方面，阿里巴巴集团通过自身掌握的多维、完备的数据，主导研发、设计、生产、定价，阿里巴巴集团先后为美的、九阳、苏泊尔等 10 个品牌的 12 条生产线在天猫上设置小家电定制服务。在天猫包下生产线的方式中，用户的搜索浏览、驻留时间、商品对比、购物车、下单、评价数据都被天猫全程记录。同时，用户的个人资料，如性别、地域、年龄、职业、消费水平、偏好也会被记录，天猫通过对用户进行分析，得出企业需要的数据，并进行交叉分析、定点分析、抽样分析、群体分析，数据智能的挖掘与落地都得益于这些手段。2017 年，上汽大通与阿里巴巴集团深度合作，通过阿里巴巴集团各平台私人定制 D90 车型的 SUV，在战略伙伴阿里巴巴集团的支持下，这次活动从设计到定价共有 66 万用户参与，无论是颜色、座椅还是驱动形式，共有 58 种可供消费者选择的定制方案。根据不同的方案，有 1 万多种价格梯度来满足不同阶层的消费者，这些都可以在一个小小的 App 上完成，这样的活动受到了广大汽车爱好者的青睐。2017 年 12 月，上汽大通接到的订单超过了 1 万份。

二、交易质量

交易质量的核心在于阿里巴巴集团"让天下没有难做的生意"的使命，阿里巴巴创始人马云在公开场合多次强调，阿里巴巴集团只做一件事——让天下没有难做的生意。阿里巴巴集团董事局主席兼首席执行官张勇也在内部公开信中指出，无论外部世界如何变幻，阿里巴巴集团"让天下没有难做的生意"的使命始终不会改变，数字经济时代的大势不会改变。数字化的发展，必将带来以人为本、合作共赢、开放共享的新商业文明。

（1）商流匹配。通过阿里巴巴集团创设的经济空间，消费者、生产厂商、物流服务商、金融机构相互之间的交易费用显著降低。通过经济空间沉

淀的口碑数据与评级机制，使消费者与生产厂商的双向匹配更加高效。基于
消费者行为数据，阿里巴巴集团开始探索推荐系统，通过挖掘用户动态兴趣
的变化以及其沉淀于阿里巴巴集团各平台的历史数据，阿里巴巴推出"千人
千面"计划。基于系统模型深度兴趣网络，消费者在淘宝、天猫等平台可以
实时接受推荐系统为消费者筛选的感兴趣的商品。阿里巴巴集团的推荐系统
在一定程度上实现了流通环节的实质，高效动态地匹配生产与消费，进一步
节约了消费者认知资源，提高了消费者的信息处理能力。

（2）物流匹配。阿里巴巴创设的经济空间保证了平台资源的优化配置，
经济成本、交易成本可以动态调整。阿里巴巴集团通过经济空间服务全球数
以千万计的企业和十多亿的消费者，跨越了金融、物流、大数据、云计算等
领域的数字商业基础设施。以菜鸟物流平台为例，菜鸟网络于2013年由阿
里巴巴集团联合"四通一达"等快递公司牵头成立。菜鸟网络是一家互联
网科技公司，专注于物流网络平台服务，通过技术创新和高效协同，菜鸟网
络持续推动快递物流业向数字化、智能化升级，为全球消费者提升物流体
验，为全球商家提供智慧供应链解决方案，帮助降低全社会物流成本。菜鸟
网络的目标是与物流合作伙伴一道，建设国家智能物流骨干网，开辟新物流
赛道，致力于实现中国范围内24小时送货必达、全球范围内72小时送货必
达的目标。以物流活动为例，所有商品、物流节点、空间位置、交通工具、
配送人员形成了全体样本数据，其空间距离的关系直接体现出来，为接下来
的物流线路、资源的优化配置提供了基础。价值创造的另一方面体现在成本
节约方面，通过对渠道资源的价值关联分析，实现资源动态优化与全局优
化。通过物流资源的价值关联分析将实现"5R"全局优化，即在正确的时
间（Right Time）、正确的地点（Right Location）、正确的条件（Right Condi-
tion）下将正确的商品（Right Goods）送到正确的顾客（Right Customers）手
中，实现零售渠道整合过程中物流成本的最小化。

（3）资金流匹配。阿里巴巴集团通过支付宝的引入，有效地解决了供需
双方的信息不对称。2004年，阿里巴巴集团创立独立的第三方电子支付平

台——支付宝，使买卖双方更放心地基于淘宝平台进行交易。在 1688 平台搭建的初期，交易双方普遍存在交易纠纷，主要体现在付款后不发货，或发货的质量达不到预期，由于已经付款，后期合约执行过程中的纠纷解决比较烦琐，很多纠纷不了了之，甚至还存在发货后不付款的行为。支付宝的存在显著地解决了交易双方的交易费用问题，通过支付宝平台，买方可以将货款暂付给支付宝平台，待卖家发货，买家收货后对商品进行查验比对，满意后付款，买卖双方的交易费用显著降低。支付宝作为主要资金担保中介进入淘宝平台后，开始不断创新消费金融。蚂蚁小贷是蚂蚁金服针对小微企业推出的旨在解决经营资金周转难题的核心产品。小微商家在线提交贷款申请，系统会快速进行审核，通过后贷款会快速汇入商家账户，整个决策过程真正做到无人放款、无人审批。值得强调的是，蚂蚁小贷的贷款坏账率明显低于传统银行业，这与蚂蚁小贷的决策及运转过程密切相关。蚂蚁小贷通过淘宝平台直接接入信贷商家的活动信息与数据，包括卖家经营的产品、店铺交易额、用户满意度以及历史交易记录、纠纷等信息，这种多维度、大量的信息均由计算机自动采集，完成后便形成最真实的放贷决策依据，这种多维度的决策信息也是蚂蚁小贷坏账率低于传统商业银行的关键。可以将蚂蚁小贷的业务内容归结为三个核心点：首先是特定商业场景的业务数据化，其次是基于商业逻辑的算法设计及其快速迭代优化，最后是数字技术与商业场景的高度协同。

（4）动态能力。阿里巴巴集团创设的经济空间使平台具有了动态能力，新的平台不断产生。芝麻信用的本质是一款大数据产品，芝麻信用以阿里巴巴集团巨大的电商交易和支付数据为基础资源，通过数据清洗、数据挖掘与分析技术，构建出用户的 360°信用画像，最终以人人都能理解的信用评分展现在大众面前。阿里巴巴集团的动态能力还表现为快速汇集线上优势，赋能线下业态创新。盒马鲜生是阿里巴巴集团首次进行的线下零售业态尝试，盒马鲜生的成功在一定程度上为阿里巴巴集团所有线下零售业态的尝试提供了借鉴的模板。

第一，盒马鲜生的孵化基础。盒马鲜生的产生不是一蹴而就的，而是阿里巴巴集团在生鲜领域多年尝试与布局的结果，支撑着盒马鲜生从数据、供应链、物流配送的全过程。当盒马鲜生孵化的所有条件都具备时，盒马鲜生就顺理成章地产生了。阿里巴巴集团在孵化盒马鲜生时就已经具备了如下优势：一是数据来源，基于淘宝、天猫、支付宝等覆盖消费者数据化生活全过程的网络应用，在一定程度上已经具备了"三公里生活圈"消费者数据的采集能力。二是商业基础设施的赋能，阿里巴巴集团完善的商业基础设施为盒马鲜生的支付、物流、云计算、大数据提供了全面的支撑。三是阿里巴巴集团在生鲜领域的深耕，在平台方面，阿里巴巴集团探索天猫生鲜，其主要渠道包括天猫超市、喵鲜生和自营生鲜电商旗舰店；在具体运营方面，阿里巴巴集团先后多次增资易果生鲜，基本形成了"天猫生鲜+易果生鲜"的线上线下一体化运营体系，阿里巴巴集团在生鲜领域的深耕，使盒马鲜生的产生顺理成章。四是在生鲜供应链方面，阿里巴巴集团搭建了面向国外、面向农村的两条成熟的生鲜供应链体系，尤其是云象供应链的推出，集合了优质的买手资源，将"触角"延伸到世界主要国家和地区的优质原产地，在水果、海鲜、牛肉、禽类采购方面与 40 个国家、50 个原产地、100 个供应商建立了全球直采网络，基本覆盖了盒马鲜生的生鲜品类。五是高效的整合，依托易果生鲜在冷链、仓储网络方面的优势，在云象供应链的品类支持下，安鲜达解决最后一公里配送，阿里巴巴集团的生鲜高效整合体系已基本形成。2018 年，阿里巴巴集团收购饿了么，饿了么旗下的蜂鸟配送进一步完善了阿里巴巴集团线下物流网络。

第二，盒马鲜生的产生。在盒马鲜生产生之前，中国生鲜电商举步维艰，由于生鲜产品自身信息不对称、高损耗、线下冷链物流成本高等特点，O2O 模式和 B2C 模式都没有取得成功，但生鲜却是消费者日常生活需求量较大、采购频率较高的品类。基于此，盒马鲜生创始人侯毅开始了思考与探索，侯毅曾担任物流部门经理，拥有较好的线下经验与数据能力，2009 年加入京东，负责京东到家项目，在此阶段积累了线上经营的经验。2015 年，侯毅在上海开始筹备盒马鲜生，基于对中国生鲜品类痛点的深刻理解与前期丰富经验的积累，侯毅认为，应基于"网络信息技术+线下实体门店"的形式探索中国生鲜的第三条发展之路。在与主要投资人阿里巴巴集团进行沟通时，阿里巴巴集团的 CEO 张勇是少数赞成的人，经过半年十余次的面对面交流，盒马鲜生的顶层设计基本完成，以超市切入，以生鲜作为超市的主要特色；线下重体验，并结合餐饮业态；线上主导，通过线下配送，完成"三公里生活圈"覆盖。

第三，盒马鲜生的模式。从零售业态来看，盒马鲜生顺应了从微观单业态向复合多业态演化的趋势，其切入点是近年来发展迅猛的精品超市，在此基础上明确了餐饮特色业态，同时上线盒马鲜生 App，初步形成了全渠道融合业态的雏形。为了配合全渠道融合业态，盒马鲜生内部布局"一店二仓五个中心"，一店指一个门店，二仓指前端为消费区、后端为仓储配送区，五个中心分别是超市中心、餐饮中心、物流中心、体验中心以及粉丝运营中心。创新性地开发出前端消费区与后端仓储配送区的悬挂系统，悬挂系统是打通线上线下融合的最直接体现。从用户体验来看，盒马鲜生以用户体验为中心；从生鲜品类来看，明码标价，改变了传统线下生鲜售卖信息不对称的现象。现场制作与堂食，使盒马鲜生成为线下社交场所。在生鲜制作过程中，消费者可以购买盒马鲜生针对目标群体筛选的较少的 SKU 商品。通过线上提供"三公里生活圈"的方式，满足新中产阶层对时间合理配置的需求。

第四，盒马鲜生的延伸。盒马鲜生的成功，促使阿里巴巴基于盒马鲜生开始向上、向下进行拓展，向上扩大经营面积、扩充经营品类与业态，形成盒马集市；向下做减法，形成盒马 F2（Fast & Fresh）便利店。2016 年 12 月，盒马鲜生在上海八佰伴开业，相比盒马鲜生，盒马集市在经营面积上扩大到 1000 平方米以上。在经营业态上，扩充了花店、烘焙等业态，餐饮占比继续增加。天猫超市基于大数据分析，将网红商品在盒马集市落地，同时增加更多的百货服装。在购物体验方面，盒马集市可以通过扫码直接将所购商品快递回家，还可以在线点餐、在线排队，在推荐时间内堂食，较盒马鲜生有较大的购物体验优化。侯毅表示，盒马集市是真正意义上的超市和餐饮，超市和百货服装、休闲和娱乐、线上和线下完全融合的商店。盒马鲜生向下延伸为盒马 F2（Fast & Fresh），2017 年 12 月，盒马 F2（Fast & Fresh）便利店在上海北外滩白金湾广场开业，盒马 F2（Fast & Fresh）定位于高端办公区域，为白领解决便利性需求。其基本的业务流程是，在临近休息时间，上班族可以在线点餐，在接近预约时间，前往便利店自提，便利店内有一个自开发的 70 度均衡保温自提机。自提后，可以堂食也可以外带，堂食过程全部自助，包括收拾餐盘过程。F2 是一个专门为线下场景打造的业态，没有线上配送到门的服务，体验部分全部以线下为主。侯毅表示，盒马便利店就是一个下单移动化、交付自主化、商品自动化、门店全程数字化管理的门店，实现了有人和无人之间的效率优化和无缝连接。

第五，盒马鲜生的商业逻辑。盒马鲜生通过对传统生鲜超市人、货、场的重构，实现了生鲜品类经营商业逻辑的升级。在传统生鲜超市的经营过程中，只能依据收入水平、年龄结构对目标人群进行模糊化的分类，根据其典型性需求，提供不同的经营场景、生鲜品类与服务体验。在整个管理过程中，主要依赖经营管理，通过长期积累的产品组合、品类采购、库存周期的经验，对经营流程进行把控。在具体的渠道选择方面，传统生鲜超市的渠道处于割裂状态，尤其是在线上线下渠道的供应链共享、数据共享、库存共享、配送共享方面，难以实现一体化和全局的优化配置，其结果是渠道融合不能提升生鲜超市的经营绩效。盒马鲜生的典型尝试改变了传统生鲜超市的经营逻辑，通过阿里巴巴集团对数字化消费者的沉淀与收集，清晰消费者需求特征与消费痛点，观察颗粒细腻化。在此基础上，通过消费者画像，提供按需组合的商品与服务。同时，依据消费者信息收集的网络依赖，实现全渠道融合，无时无刻、随时随地想买就买。更为关键的是通过全渠道融合和平台共享，盒马鲜生可以在更高水平上实现供应链共享、数据共享、库存共享、配送共享，使其在更高水平上配置其新零售活动与要素，最终实现人、货、场的升级与重构（见图 5-6）。

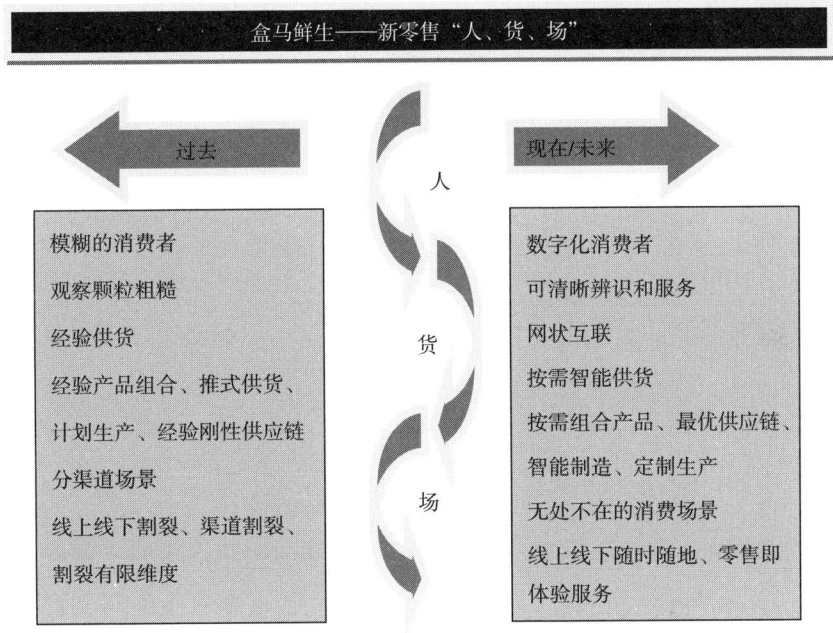

图 5-6　盒马鲜生的商业逻辑

资料来源：韩朝亮，韩平.生产组织、消费者决策与零售业态演化〔M〕.北京：经济管理出版社，2020.

三、消费质量

阿里巴巴集团显著提高了消费质量，通过阿里巴巴集团的各个平台，消费者可以根据自身的需求选购差异化商品，以实现效用水平的提升。同时，可以利用碎片化时间，在线选购所需商品，尤其是阿里巴巴集团的"千人千面"匹配系统，通过推荐，可以在很大程度上节省消费者的时间，消费者能够获取更多的闲暇时间。阿里巴巴集团通过收购线下实体，使流通主体和在线服务结合为平台，进一步为消费者提供线下流通服务和服务商品，使消费者购物环境、空间进一步优化。以上是从表征角度分析阿里巴巴集团创设经济空间对消费质量提升的影响，缺乏数据支撑，本章借鉴学者 Fan 等（2018）的研究成果 *The Alibaba Effect：Spatial Consumption Inequality and the Welfare Gains from E-Commerce*，进一步从实证角度说明其对消费质量的影响。

根据 Fan 等的估算，消费者基于阿里巴巴集团产生的购买行为，获得了 1.6%~2.1%的福利改进；电子商务对人口较少、市场规模较小的城市带来了较大的福利，中小城市往往受限于交通运输条件，商品运输与采购不具有规模效应，因此，中小城市在没有电商入驻前，相较于大城市，其商品价格更高，商品种类更少，消费者可以选择的范围更小。如果电子商务能够降低这种运输成本，中小城市以及较偏远的城市便能够从中获得较大的收益。文章最后用两种方法估计了电商入驻对消费者产生的效率改进：一是简单估算，二是基于一般均衡模型的估计。基于简单估算的结果，电商为消费者产生的效率改进是 2.1%；基于一般均衡模型计算的结果，消费者福利平均增长了 1.6%。值得说明的是，人口总量在前 20%的城市其电商带来的效率增长是 2.18%，这说明电商入驻能够改进消费者的福利水平。

由于高运输成本和低需求，预期进入小型和偏远市场所获得的利润可能无法覆盖固定投资，从而阻碍了企业的进入。正因为如此，小市场的消费者需求多样性少，可能接触到的产品与大城市和联系紧密的城市群相比，空间不平等加剧。这个问题在发展中国家可能更明显，因为这些国家较发达国家基础设施落后，零售业生产力低下，存在广泛的准入规定，公司可能更不愿意在小市场开设商店。Fan 等人研究了电子商务的兴起在多大程度上减少了这种消费空间的不平等。在电子商务中，交易在网上进行，商品直接发送给消费者，这就消除了建立分销网络和实体店的需要，使企业能够接触到城市里的消费者，否则这些城市将得不到服务。较小城市的消费者在消费选择方面受到了更大的限制，他们更多地受益于商品种类的改善。比较电子商务对每个城市的福利收益，城市的福利收益约为 1.62%。居民在较小的城市比大城市获益更多，根据最保守的标准，即平均福利人口最多的五分之一城市的收益为 1.23%，最少的五分之一城市的收益为 2.06%。因此，电子商务可以减少中国城市之间的福利收益不平等，不过与校准模型中的实际收入不平等相比减少的幅度很小。

Fan 等人研究了电子商务未来的发展范围，模型进一步降低了在线配送成本，提高了消费者福利。具体来说，降低了在线配送成本，整体在线支出份额分别是 2013 年水平的 2 倍和 3 倍。根据各种各样的估计，在快速增长的网上零售行业，我们发现，电子商务的持续增长将进一步惠及所有城市的消费者，并减少城市之间的实际收入不平等。例如，当在线支出的份额增至 3 倍时，电子商务对最大五分之一城市的消费者的累积收益将为 3.0%，对最小五分之一城市的消费者的累积收益将为 6.5%。因此，电子商务的进一步发展可以显著缓解城市之间生活水平的不平等情况。

中国相对不发达的线下零售业有助于解释电子商务的快速崛起及其空间分布。中国的线下零售业是由小规模的本地零售商主导的，他们提供的产品种类比较有限。例如，2012 年中国前 100 家零售连锁店在当年零售总额中的占比仅为 9%。此外，现有的大型零售商传统上只集中在富裕的大城市。当沃尔玛和家乐福等外国零售连锁店进入中国时，它们的第一家门店主要设在大都市地区，这与发达国家的零售业形成了鲜明的对比。以美国为例，排名前 100 的零售连锁店占美国零售总额的 35% 左右。这些零售连锁店渗透到许多中小城市和郊区。沃尔玛就是其中之一，它在中等城市建立了根基。

中国传统零售业在空间上的发展不同，可能与设立和经营零售商店的成本有关。建立一个大型实体店需要前期投资，只有足够大的当地需求才能证明这是合理的。由于中国的人均收入相比发达国家存在差距，而且经营成本很高，零售连锁店进入许多规模较小、不那么繁荣的市场显然是无利可图的。在没有大型连锁商店来连接生产者和消费者的情况下，为了接触到小市场中的消费者，生产者不得不与当地零售商建立联系或建立自己的店面，这对于许多生产者来说可能代价高昂。因此，对这些生产商来说，电子商务是以一种更为经济的方式来接触小市场的客户。通过与淘宝等大型电子商务平台签约，生产商发现，向市场上的少数消费者出售少量商品是有利可图的，而通过线下渠道进入这些市场是没有利润的。因此，网上购物对小城市的居民特别有吸引力，因为它可以显著增加他们接触各种商品的机会。事实上，在 Dobbs 等（2013）的一项调查中，当受访者被问及是什么吸引他们在网上购物时，三线城市 55% 的受访者表示品种多是主要原因，而一线城市和二线城市的这一比例分别为 31% 和 44%。

表 5-3　阿里巴巴集团电子商务进一步发展的累积福利　　　单位:%

按市场潜力划分					
五分位分组	1 组	2 组	3 组	4 组	5 组
在线份额	11.06	9.62	8.74	8.24	7.87
进口比例的变化	2.48	1.43	1.14	0.87	0.65
线上	10.63	9.16	8.17	7.67	7.42
线下	-8.15	-7.72	-7.03	-6.80	-6.76
实际收入的变化	2.06	1.67	1.36	1.27	1.23

注：计算基于模型模拟。"在线份额"是指通过电子商务渠道支出占可交易部门总支出的份额。"进口比率"是指其他城市生产的商品支出占可贸易部门总支出的比例。接下来的两行将"导入比率"分解为在线和离线渠道。在线份额和进口比率仅基于可交易部门计算。进口比率和实际收入的变化与没有电子商务的经济相关。进口比率的变化以百分比差异的形式报告，而实际收入的变化则以百分比差异的形式报告。

资料来源：Fan J T, Tang L X, Zhu W M, Zou B. The Alibaba Effect: Spatial Consumption Inequality and the Welfare Gains from E-commerce [J]. Journal of International Economics, 2018 (114): 203-220.

从市场潜力划分的角度来看，电子商务带来的人均实际收入增长从最大五分之一（五分位分组的 5 组）的平均 1.23% 到最小五分之一（五分位分组的 1 组）的平均 2.06%，总体平均为 1.52%（见表 5-3）。为了正确看待这一福利数字，考虑一下美国从国际贸易中获得的收益。Arkolakis 等（2012）使用充分的统计公式发现，美国的国际贸易收益约为 1%。因此，中国城市从电子商务中获得的收益是巨大的。更重要的是，图 5-7 显示了阿里巴巴集团电子商务的收益随城市人口的减少而减少。人口每减少一个对数点，电子商务带来的收益就减少 0.522 个百分点，从这个意义上来说，电子商务可以缓解中国城市的福利不平等情况。

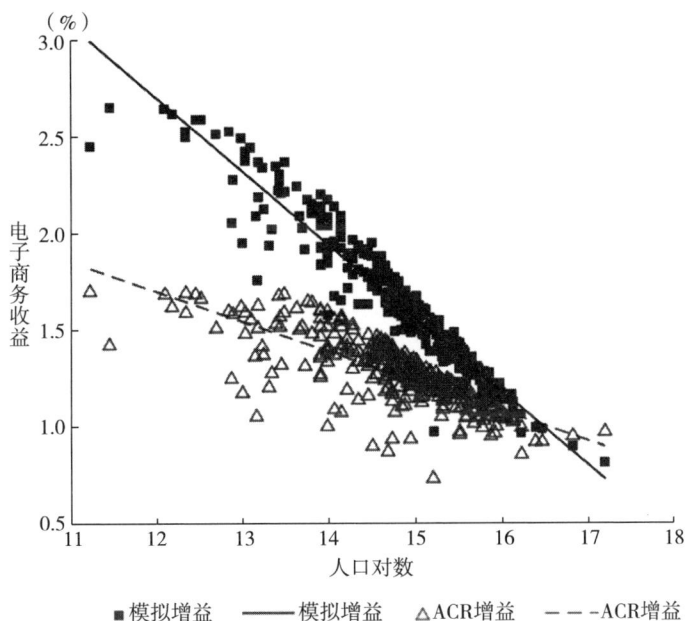

图 5-7　阿里巴巴集团电子商务与人口的福利收益

　　假设经济的整体在线支出份额约为 24.0%，是其 2013 年价值的 3 倍。笔者将该实验的结果与没有电子商务的经济进行比较，以获得电子商务的累积效应。如图 5-8 所示，电子商务的累积福利收益与人口呈负相关。图 5-8 中电子商务水平较高的经济体的斜率比基准电子商务经济体的要更陡。因此，在中国进一步发展电子商务，可以通过增加所有城市工人的实际收入，并大幅减少工人之间的实际收入不平等。

　　Fan 等人研究了电子商务对不同城市消费者的福利效应，利用阿里巴巴集团主要电子商务平台的数据证明了市场规模与在线支出份额之间存在稳健的负相关关系，然后运用一般均衡模型来量化电子商务的福利效应。研究发现，人口最大五分之一城市的电子商务福利收益比人口最小五分之一城市高 0.94 个百分点。因此，电子商务减少了消费的空间不平等。随着电子商务的快速发展，有望在未来几年进一步减少这种不平等。在本书中，我们关注的是城市福利收益的分配；在现实中，在线消费强度因社会经济的不同而存

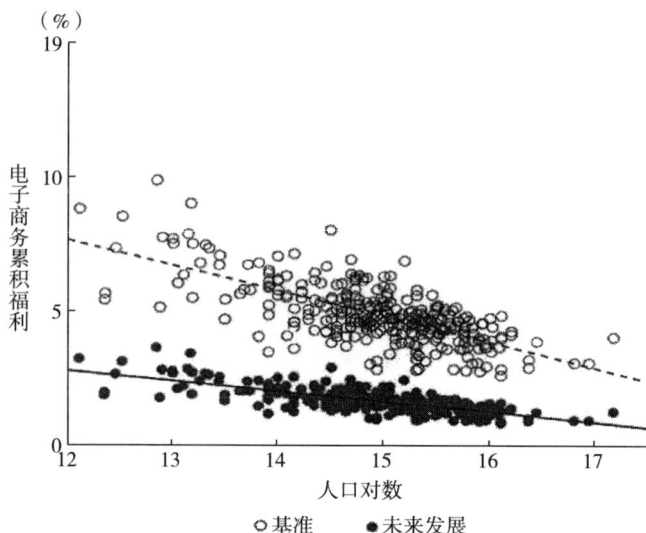

图 5-8   阿里巴巴集团电子商务进一步发展的累积福利

资料来源：Fan J T, Tang L X, Zhu W M, Zou B. The Alibaba Effect：Spatial Consumption Inequality and the Welfare Gains from E-commerce［J］. Journal of International Economics，2018（114）：203-220.

在很大差异，电子商务带来的福利收益可能有一个重要的城市内部维度。电子商务的兴起也可能会对当地经济的其他方面产生重大影响，如传统零售业、运输业和物流部门，这些领域都是值得未来研究的令人兴奋的领域。

四、外部性

从微观视角分析，阿里巴巴集团具有典型的双边市场特征，因此，具有显著的交叉网络外部性与网络外部性。交叉网络外部性是指平台一边用户数量的增长会对另一边用户效用产生重大影响。经济学中网络的内涵既包括主体之间相互作用的关系，又包括外在经济属性的作用关系，即外部性的影响。因此，网络外部性是指一种产品或服务的价值受使用该种产品或兼容产品用户数量的影响，随使用该种产品或兼容产品用户数量的增长而增长。网络外部性的本质是协同价值，当网络自身的系统性与网络内部组成成分之间产生互补作用时，便产生了协同价值。

阿里巴巴集团的各平台具有显著的网络外部性，消费者通过平台可以有效获得产品口碑，消费者之间相互联系、相互赋能，消费者之间有效联合、低成本地获取信息与高效地交换信息是消费者实现增权的三个关键因素，于是，消费者对其他渠道成员决策的影响力逐步增加。传统消费者具有宏观上存在权力（Macro-power）、微观上无法行权的矛盾，即消费者从理论上看存在影响渠道成员的权力，但在实际运行过程中，缺乏运用权力的可能。阿里巴巴集团各平台上的消费者的有效联合，使厂商充分重视消费者需求，开发差异化商品，于是长尾商品销售成为可能。厂商与消费者之间存在显著的交叉网络外部性，消费者数量显著增长，厂商变得有利可图，因此，厂商增加，消费者效用水平增加。

从表面上看，阿里巴巴集团各平台存在显著的网络外部性，但从实质来看，网络外部性来源于数字空间配置水平的提高。由于阿里巴巴集团数据中台的实施，消费者之间的相互关系、消费者与厂商之间的相互关系、厂商之间的相互关系，通过多源异构网络大数据的挖掘与整合，实现了关系的清晰，基于此，阿里巴巴集团可以实施更加精准的配置，进而实现网络外部性的内部化。阿里巴巴集团"千人千面"的设计与实施，在一定程度上就是交叉网络外部性的体现。

第六节　案例拓展分析

上述分析了阿里巴巴集团在建设性经济空间与数字经济空间建设领域的诸多尝试，但由于监管制度体系滞后于流通环节的企业实践，导致阿里巴巴集团在实际运营过程中创造了破坏性经济空间。阿里巴巴集团在创设建设性经济空间的同时，还存在显著的破坏性经济空间，尤其在数字经济空间的助力下，加剧了破坏性经济空间的负面效应。阿里巴巴集团存在的破坏性经济空间包括滥用市场支配地位，主要体现在"二选一"排他性协议、兼并、价格战、掠夺性定价等方面；数据产权与数据滥用主要体现在大数据杀熟、产权不清晰、数据滥用方面；平台监管差主要体现在第三方售假，评级混乱，好评返现等方面。

（1）滥用市场支配地位。根据国家市场监督管理总局对阿里巴巴集团的行政处罚决定书，自 2015 年以来，阿里巴巴集团利用其市场地位，人为限制其他竞争性平台的发展，为了巩固市场竞争优势与支配性地位，通过对商家实施"二选一"的要求，禁止平台内的经营者在其他竞争性平台进行交易活动或开展促销活动，限制商家只能在阿里巴巴集团各平台进行交易，并采用多种奖惩措施对商家行为进行限制与引导，违反《反垄断法》第十七条第一款第（四）项禁止"没有正当理由，限定交易相对人只能与其进行交易"的规定。

限制或禁止平台经营者参与其他竞争性平台的经营。作为零售服务的提供者，平台商家提供的商品和服务是其吸引消费者、提高平台竞争力的关键；平台聚集的消费者越多，越能吸引更多商家入驻平台开展经营活动，由此形成正反馈效应，使平台与平台商家均获得收益。此外，由于平台商家的经营品类、经营时间、品牌知名度等因素差异明显，为平台竞争力带来的贡献也各不相同。知名度高、历史悠久的品牌通常具有较大的市场份额，并且能够为平台带来较大贡献。阿里巴巴集团根据服务能力、合规经营、销售增长等因素，将平台商家人为地划分为 SSKA、SKA、KA、核腰、腰部、长尾、底部七个层次，由于 KA 及以上等级的平台商家具有重要竞争力，对平台贡献显著，阿里巴巴集团为巩固其经营地位与市场势力，对 KA 及以上等级的商家提出禁止在竞争性平台进行交易的要求。

在商家入驻协议中明确规定不得在竞争性平台经营。自 2015 年起，阿里巴巴集团在与部分入驻商家签订的《战略商家框架协议》《联合生意计划》《战略合作备忘录》等协议中明确表示，KA 及以上等级的商家不得在其他竞争性平台开展经营活动，只能在阿里巴巴集团各平台开展经营业务。此外，还明确提出禁止平台商家自行将代理权授予他人或者寻找代理人在其他平台开展交易活动，改变网络零售渠道需由阿里巴巴集团同意，要求平台商家仅保留其在阿里巴巴集团各平台的旗舰店，将其他平台的旗舰店关停或更改，控制竞争性交易平台相关品牌的经营数量、品类、商品库存、发货时间等环节。由于阿里巴巴集团较强的市场支配地位以及商家对其的高度依赖性，口头限制性要求得到了平台商家的普遍执行，从而限制商家入驻竞争性平台进行经营。

在商家入驻协议中明确禁止平台商家参与竞争性平台的促销活动。"618"和"双11"等网络促销活动是增加销量、吸引用户参与交易的重要举措，对平台用户增长以及商家销量增加具有重大影响，也是平台之间开展经营竞争的重要环节。为保持竞争优势，压制竞争平台的增长，阿里巴巴集团在与KA及以上等级的商家签订的《战略商家框架协议》《联合生意计划》《战略合作备忘录》等多种协议中明确要求，平台商家不得参与其他竞争性平台的促销活动，或者未经阿里巴巴集团同意在其他平台自行采取促销行为，以实现对商家经营范围的限制，压制竞争对手的影响力。

采取多项奖惩措施实施"二选一"要求。流量支撑与限制、人工检查与互联网监控等方式是阿里巴巴集团推行"二选一"要求的主要措施。一方面，阿里巴巴集团推出流量激励等措施，鼓励经营者采取"二选一"的经营方式，以经营流量与搜索曝光度作为奖励；另一方面，采取人工核查与互联网监督相结合的方式对经营者进行监控，对在其他平台进行开店、促销与竞争的商家进行检测。对违反经营要求的经营者进行处罚，如取消活动资格、减少曝光与促销资源支持、取消平台所享重大权益以及搜索降权等。上述措施会对商家经营利益产生重大损害，扰乱商家正常的经营计划以及网络零售市场经营的公平性，迫使大量平台经营者不得不执行"二选一"的经营要求。对于不执行平台"二选一"要求的商家，平台会通过搜索降权直接干预商家的经营。

减少促销活动资源支持。在促销活动中，网络零售平台一般会给参加促销的平台经营者和商品打上特定标识，并在活动页面对特定经营者或商品予以优先展示，这是平台经营者参加平台促销活动、增加商品销量的重要方式。对违反"二选一"要求的平台商家，阿里巴巴集团实施了取消促销活动资源支持以及搜索降权的惩罚手段。证据表明，部分平台商家因参与竞争性平台的"双11"和"618"等促销活动，被阿里巴巴集团取消了促销活动的优先顺序及展示位置。

限制促销活动参与资格。阿里巴巴集团对参与竞争性平台促销活动或入驻竞争性平台的KA及以上等级的商家实行灰名单制度，禁止其参与大型促销活动。只有执行阿里巴巴集团的"二选一"要求并通过审核，方能恢复参与"双11"、"618"、聚划算、天天特卖等促销活动的资格。相关证据证实，列入"灰名单"的商家大都执行了"二选一"的要求。

采取搜索降权措施。对于不执行平台"二选一"要求的商家，平台会通过搜索降权直接干预商家的经营。搜索算法的初衷是提高商品搜索的转化率与成功率，使商家的产品与服务得以快速响应消费者的需求，以提高商品的销量，为商家赢得更多消费者的关注。但平台一旦启动搜索降权，不仅会降低商家产品的曝光度以及页面排列位置，甚至还会导致商品无法被查询，进而降低商品销量，影响商家销售利益，最终实现对商家的威慑与惩罚。相关证据表明，部分未服从"二选一"需求的商家遭受到了搜索降权处罚，利益受到了极大的损害。

终止平台商家在平台享有的重大权益。阿里巴巴集团对多次要求执行"二选一"需求却不遵守的商家以及仍参与竞争性平台经营的KA及以上等级的商家采取终止相关合作、剥夺其使用相关便利服务资格等措施，逼迫其做出"二选一"的经营决策。相关证据显示，部分KA及以上等级的商家因未服从平台"二选一"要求，被取消KA资格或者结束合作。

（2）市场效率。阿里巴巴集团限制平台商家在其他竞争性平台开展经营活动的行为，阻碍了商家的自主决策过程，形成了锁定效应，打压了市场竞争，损害了平台商家与用户的利益，给竞争对手造成了不公正的经营环境，影响了平台经营者的创新意识与发展活力，不利于市场经济的健康持续成长。

限制、打压了中国互联网零售平台的市场竞争，阻碍了市场创新活力与市场竞争程度的提升。阿里巴巴集团明确规定，平台商家禁止在竞争平台参与交易或开展促销活动，影响了平台间进行公平竞争的环境，利用不正当手段设置竞争者进入壁垒，极大地破坏了市场经营秩序与规则。

限制、阻碍了中国互联网零售市场经营者的公平竞争。阿里巴巴集团在入驻协议中明确提出，平台商家不能在其他竞争性平台开展经营活动或参加促销活动，通过不正当的手段限制商家进入其他竞争性平台，试图通过减少竞争性平台的经营种类、供给品类的方式削弱其他平台的竞争能力，破坏公平竞争的互联网经营环境与市场环境。互联网零售平台具有典型的双边市场特征，在显著的网络效应作用下，抑制商家进驻竞争性平台不仅会造成经营者的流失以及平台经营规模的扩张，同时还会削弱消费者在平台进行购买的意愿，造成消费者的大量流失。平台商家与消费者数量的双重减少便是网络效应循环反馈最直接的体现，不仅极大地降低了互联网零售平台的竞争力，还造成了消费者福利的极大损失，导致平台商家的经营规模扩张与品牌升级的进程放缓。

为相关市场的潜在竞争者设置了壁垒，阻碍了潜在的市场竞争。互联网零售平台具有典型的平台经济以及网络经济特征，网络经济最突出的特点是规模临界点，即只有用户数量达到一定规模，平台才可能正常经营并实现生存，没有积累足够的用户意味着亏损。阿里巴巴集团明确要求 KA 及以上等级的商家不能进驻竞争性平台，从而将商家锁定在自己的平台内，使市场潜在进入者以及新兴平台难以获得优质的商品资源，导致用户以及商家数量难以得到积累，以不当的方式设置了市场壁垒，阻碍了潜在商家进入市场。

使平台商家遭受利益损失。阿里巴巴集团"二选一"的经营要求极大地损害了平台商家的经营自主权与发展权利。不同平台针对的消费群体各有侧重，商家更倾向于通过全渠道的布局最大限度地接触消费者，提升经营效率，增加销售额度。阿里巴巴集团明确提出禁止品牌进行经营渠道授权，更换经营渠道需要得到平台许可，极大地影响了平台商家的经营规模与扩张速度。阿里巴巴集团限制平台商家在竞争性平台开展促销活动的行为不利于品牌之间的横向竞争，严重抑制了品牌的创新意愿以及品牌升级过程。

降低品牌竞争力，削弱品牌内竞争力度。在"双11"和"618"等大型营销活动期间，平台通常会出台激励措施鼓励商家开展活动，如销售收入折扣、补贴等。阿里巴巴集团规定平台商家不能在竞争性平台开展销售与促销活动，限制了品牌的销售渠道，使同一品牌不能在不同的渠道间进行销售，失去了拓展销售平台以及渠道间试错的机会。

限制资源优化配置，阻碍网络零售市场的发展。阿里巴巴集团针对平台商家的限制性措施极大地干预了平台商家的自主经营决策，从而影响了资源在不同网络零售平台的配置与流动，不利于网络零售参与主体进行创新，抑制了网络零售市场的扩张。

限制了平台商家经营策略的调整和产品差异化程度。由于不同的平台面向不同的消费群体与市场，因此，平台商家可以选择采取多样化的经营策略，如旗舰店、授权店、专营店、专卖店等多种经营模式，但阿里巴巴集团限制性的经营规定使平台商家只能在单一平台依托单一渠道进行销售，限制了产品的流通渠道与产品的差异程度。

阻碍平台经济创新进程，影响市场经济健康发展。网络零售参与者的健康有序发展是平台经济实现创新的必要条件，而平台经济又是互联网经济的重要组成部分。阿里巴巴集团通过限制性方式对竞争对手进行打压，阻碍了平台经济的健康发展，抑制了平台经济参与者进行创新的动力，不利于互联网经济的健康发展，从而影响了市场经济的长远发展。

限制了消费者的公平交易权。阿里巴巴集团限制商家入驻竞争性经营平台以及参与促销活动的行为极大损害了消费者自由选择以及公平交易的权利。平台商家有权根据自身经营特点自主采取交易策略，从而自行选择经营平台以及不同平台的促销以及活动策略。阿里巴巴集团限制平台商家在其他平台进行交易或参与促销活动，消费者只能被动接受单一平台的经营价格以及交易条件，丧失了获得优质商品及服务的机会，侵犯了消费者的公平交易权。

损害社会总体福利水平。阿里巴巴集团的垄断行为限制了市场竞争，通过不正当的方式为潜在进入者设置了较高的进入壁垒，不利于网络零售行业的创新与发展。此外，强行让商家选择单一经营渠道的方式不符合平台商家的经营诉求，损害了平台商家的经营利益。同时，消费者只能选择单一渠道进行购买，导致消费者无法获得更具竞争力的产品与价格。因此，阿里巴巴集团的垄断行为损害了网络零售平台、平台商家以及消费者的福利，造成了社会总福利的损失。

（3）其他市场行为及其市场绩效。数字经济空间可以利用信息技术缓解信息不对称现象，同时优化建设性经济空间的资源配置效率。数字经济空间也可以通过助力破坏性经济空间，降低资源优化配置的效率，成为"作恶"的工具。当事人一方面通过流量支持等激励性措施促使平台经营者执行"二选一"要求，另一方面通过人工检查和互联网监控等方式，监测平台经营者是否有跨平台经营以及参与竞争性平台促销活动的情况。对于违反经营规定的平台商家，阿里巴巴集团凭借其市场力量、算法调整以及数据技术采取惩罚措施，包括取消享有的重大收益、减少经营活动与促销活动的支持以及搜索降权等。搜索算法的初衷是提高商品搜索的转化率与成功率，使商家产品与服务快速响应消费者的需求，以提高商品销量，为商家赢得更多消费者的关注。但平台一旦启动搜索降权，不仅会降低商家产品的曝光度以及页面排列位置，还会导致商品无法被查询，进而降低商品销量，影响商家的销售利益，最终实现对商家的威慑与惩罚。平台商家本可以根据平台的消费群体、管理能力、服务水平等因素进行入驻，实现经营规模的扩张。但阿里巴巴集团采取的"二选一"要求阻碍了生产要素在不同网络零售平台间的自由流动，影响了商品供需的有效匹配，降低了经济循环流通效率。阿里巴巴集团利用其在中国网络零售平台的先发优势与支配地位，通过签订书面协议或者口头的方式禁止平台商家在其他竞争性平台进行交易或参加促销活动，破坏了公平竞争的市场环境，为潜在竞争者设置了进入壁垒，损害了平台经营者的正当权益，侵害了消费者的公平交易权利，抑制了平台经济的创新进程，违反了《反垄断法》第十七条第一款第（四）项禁止"没有正当理由，限定交易相对人只能与其进行交易"的规定。

数据产权与数据滥用。欧盟《通用数据保护条例》指出，数据主体同意基于一项或多项目的对个人数据进行处理，需要同完成处理的主体签订契约，同时，处理过程必须根据同主体签订的契约进行。数据拥有方或使用方对数据进行处理时必须考虑处理的内容、目的以及性质，同时，应充分考虑处理存在的风险概率，以及对数据主体的影响。此外，控制者在处理之前应当充分考察技术的可靠性和处理过程，保证处理的合规性，在此基础上选择最合适的技术方式和组织措施。在处理过程中，应充分考虑处理范围、处理性质以及处理目的，以及可能给数据主体造成伤害的可能性以及严重性，从而做好必要的保障措施。例如，在数据处理过程中，控制者采取匿名化的处理方式，这是基于数据最小化原则推出的数据处理方式。控制者可以是公共机构、法人或者其他实体。控制者在数据处理过程中应当基于最小化原则采取适当的技术，而最小化原则应当体现在个人数据量、处理限度、可访问性等方面，最大限度地保护数据主体权益。

价格战。低价竞争策略不利于市场经济长期健康发展，会造成社会福利的巨大损失。一方面，企业短期采取低价策略是一种进入市场的重要方式，能够促进市场竞争，激发市场主体创新创造活力，使消费者在短期内以较低的价格获得较高品质的产品与服务；另一方面，低价竞争策略长期会损害行业、商家以及消费者的福利，不利于市场经济的长期健康发展。长期低价策略使企业难以持续进行高强度的研发创新投入，导致企业丧失竞争力。同时，企业采取的低价策略与商品生产成本密切相关，长期的低价策略会导致企业生产较低品质的商品，最终会损害消费者的权益。此外，长期的低价策略降低了行业的整体利润水平，行业整体难以产生重大技术变革与突破，导致行业整体竞争力较弱，发展潜力不足，因此，价格战会造成社会福利的巨大损失。阿里巴巴集团价格战的传导机制主要是供应链传导与线下传导。供应链传导的结果是具有一定规模的企业可以依靠规模经济实现持续低利润经营，但丧失了创新所必需的资本积累。而中小企业只能采取制假售假的路径，阿里巴巴集团对平台假货容忍的核心原因是在价格战的前提下，只有假货才能支撑。阿里巴巴集团价格战的另一个传导机制是线下传导，线下传导的核心是使线下沦为线上的展厅，这是因为线下实体店的利润微薄难以支撑。

美国亚马逊与沃尔玛等企业除了提供线上线下深度融合的流通平台外，还利用其数据优势，不断向生产、消费领域拓展，实现"数据向善"的科技初衷。对照美国亚马逊，依托大数据由消费互联网向产业互联网的延伸，以及对供应链、产业链的控制和其主导的线上线下分销商，产供销一体、商流、物流、信息流、资金流融合的趋势，国内领先的互联网平台还有很大的差距，创新引领能力急需提升。

第七节　探索性案例研究结论

阿里巴巴集团的案例研究总体验证了理论模型的科学性与客观性，同时也拓展了关于破坏性经济空间的研究，得出的基本结论如下：

（1）阿里巴巴集团属于典型的流通环节企业，其通过双边市场有效的匹配供需，实现了实体经济空间的构建。同时，阿里巴巴集团通过数据中台战略的实施，实际上在虚拟领域构建了数字经济空间。随着数据中台战略的深度实施，实体经济空间与数字经济空间实现了一一映射，数字经济空间有效地提升了实体经济空间资源的优化配置水平。

（2）通过经济空间的构建，阿里巴巴集团有效地实现了生产方式变革，最终加速了 C2M 模式的实现。通过经济空间的构建，有效减少了供需匹配过程中的信息不对称问题，提升了流通效率，为消费者带来了 1.6%~2.1% 的福利改进，且对偏远地区消费者福利的改进远远高于城市消费者。阿里巴巴集团通过双边市场的构建，显著提升了平台的网络外部性与交叉网络外部性。

（3）本章的拓展在于，阿里巴巴集团不仅创设了建设性经济空间，还创设了破坏性经济空间，主要体现在滥用市场支配地位、数据要素滥用、持续价格战，其结果从长远来看会对社会总体福利水平带来潜在损害，因此，应从政策层面加快流通领域监管体系与制度体系的建设。

（4）阿里巴巴集团创设的数字经济空间为建设性经济空间双向匹配与资源优化配置提供了信息完全的控制环境。同时，阿里巴巴集团创设的数字经济空间为破坏性经济空间"作恶"提供了帮助。《国家市场监督管理总局对阿里巴巴的行政处罚决定书》披露，阿里巴巴集团借助其数据优势，为其实现"二选一"要求和滥用市场支配地位提供了多样化手段。

第六章

结论与建议

第一节　研究结论

新古典经济学从本质上来分析是以交易为研究中心的学科，其研究对象分为两大类，即生产者和消费者，两方发生经济行为的目的都是各自的利益最大化，实现该目的只能通过交易完成。例如，生产者购买生产要素，生产市场所需要的产品，通过出售生产出来的产品来实现其自身利润最大化，而消费者购买产品供自己生活，同时，通过出售该商品来实现自身的效用最大化。所以，从该角度来看，新古典经济学主要关注交易主体的"买"与"卖"的交易行为，且假设技术是外生变量。新古典经济学假设"买"和"卖"是直接见面的，抽象掉了流通环节。新制度经济学和新兴古典经济学强调了交易费用的存在，在一定程度上承认了流通环节的客观存在，此时的流通环节仅限于交易费用，不涉及具体的流通组织、流通设置、流通渠道等客观存在。本书的主要贡献在于：

（1）本书认为流通是市场的具体化，是交易双方相互作用的经济空间。

流通环节是资源配置、价格产生的微观基础。流通环节创设了经济空间，具体包括实体经济空间与数字经济空间，实体经济空间与数字经济空间相互映射形成平行系统。数字经济空间通过数字技术实现对实体经济空间的资源优化配置。

（2）实体经济空间具体可以细化为建设性经济空间和破坏性经济空间。流通环节为生产与消费的双向匹配提供了经济空间：一种是商品价值实现过程中的必要费用，其所创造的是建设性经济空间；另一种是商品价值实现过程中非必要的费用，其常常产生损害对方利益或者降低市场资源配置效率的费用，由此形成的经济空间为破坏性经济空间。

（3）数字经济的主要特征是信息技术的集中应用。网络技术、大数据技术、人工智能技术、云计算技术等相互影响，快速迭代，为经济高质量发展提供了全新动能。信息技术的核心作用是改变信息不对称状态，使资源配置过程逐渐信息完全，进而趋向帕累托最优状态。网络技术包括计算机网络、移动互联网、物联网、区块链网络等，计算机网络、移动互联网保证了经济活动参与主体和资源在任何时空都可以相互连接，信息交互。计算机网络、移动互联网作为底层网络，为物联网搭建提供了保证，通过传感器、射频识别技术、GPS等信息采集手段，实现了经济活动参与主体和资源信息的客观采集。区块链网络通过去中心化信任机制、交易验证、防篡改等手段，进一步保证了物联网信息的客观性、可靠性，改变了传统信息失真的问题。网络技术的应用实现了物理世界的虚拟映射，经济活动在虚拟空间一一映射形成了虚拟（数据）世界。大数据技术通过数据的挖掘、整合、存储，从海量多源异构数据中挖掘经济活动主体与资源的潜在相关关系；通过相关关系的挖掘与应用，实现经济决策的科学化，实现资源的最优配置。在实际的数据挖掘与利用过程中，人类的认知与计算能力存在局限，需要算法替代人类完成数据处理过程，算法迭代与算法整合最终形成人工智能，解决了人类认知与计算能力的局限，保证了数据到决策通路的实现。云计算技术与边缘计算技术可以为上述过程提供算力保证，完成对海量数据的处理。网络技术、大数据技术、人工智能技术、云计算技术之间必须紧密衔接，集中迭代，才能保证最终信息完全的实现，使资源配置趋向帕累托最优。保持数据的不间断采集和传输可以实现实时动态均衡。数字经济空间既可以提高创造性经济空间资源配置的效率，又可以助力破坏性经济空间的形成，其核心在于算法选择背后的权衡与博弈。

（4）数字经济空间的实质是通用信息技术内生化的过程，不仅可以带来数据要素自身的增值，还可以通过作用于流通环节的传统要素，实现传统要素的优化配置。通过信息技术内生化，实现流通环节的微观作用机制，使其作用于产品质量、交易质量、消费质量与外部性。

（5）流通环节作用于经济高质量发展的核心是通用信息技术作用于流通过程，通过物理空间的数据沉淀形成数据要素，数字要素不仅可以实现自身增值，还可以实现其他资源的增值。通过数据要素内生化，实现生产变革、消费者变革，同时实现交易效率提升，增强网络外部性与交叉网络外部性，最终实现经济高质量发展。

（6）通过构建生产—流通—消费三部门封闭经济系统数理模型，借助比较静态分析，分析流通环节作用于经济空间内生产、消费、外部性的机制，进而实现经济高质量发展。比较静态分析可以证明生产技术进步与流通技术进步，生产数字化升级与流通数字化升级可以提高单位劳动所获取的消费和产出，实现高质量发展。流通技术进步可以提高生产部门的劳动雇佣比重，增加劳动力工资，并降低最终产品价格。中间产品生产技术系数可以降低商品流通损耗，提升流通环节的供需匹配能力，提高工资的实际购买力，带来消费与产出的增长。降低垄断势力和竞争策略（价格战、营销费用）能促进经济系统各部门平均劳动的资本投入和产出增加，抑制通货膨胀，提高劳动力实际工资，缩小贫富差距。

（7）阿里巴巴集团是典型的流通环节企业，其通过双边市场有效的匹配供需实现了实体经济空间的构建。同时，阿里巴巴集团通过数据中台战略的实施，在虚拟领域构建数字经济空间。随着数据中台战略的深度实施，实体经济空间与数字经济空间实现了一一映射，数字经济空间有效提升了实体经济空间的资源配置水平。通过经济空间的构建，阿里巴巴集团有效地实现了生产方式变革，最终加速了 C2M 模式的实现。通过经济空间的构建，有效缓解了供需匹配过程中的信息不对称问题，提升了流通效率。阿里巴巴集团通过双边市场的构建，显著提升了平台的网络外部性与交叉网络外部性。阿里巴巴集团不仅创设了建设性经济空间，还创设了破坏性经济空间，主要体现在滥用市场支配地位、数据要素滥用、持续价格战，其结果从长远来看会对社会总体福利水平带来潜在损害，因此，应从政策层面加快流通领域监管体系与制度体系的建设。

尽管本书初步构建了流通环节作用于经济高质量发展的机制模型，利用三部门封闭经济系统以及比较静态分析对作用机制进行了检验，并通过阿里巴巴集团的案例进行了案例检验和前瞻性讨论。但由于本书的研究领域尚处于探索性研究阶段，且学术水平与可使用方法存在局限，部分理论模型难以在方法上得到更好的检验，后续的研究将继续完善，主要体现在以下几个方面：

（1）作用机制的细腻化。本书从微观视角系统说明了流通环节作用于经济高质量发展的机制，但本书只将流通环节作为解释变量，将生产质量、消费质量、交易质量和外部性被作为被解释变量，通过作用于生产质量、消费质量、交易质量和外部性，进一步推动质量变革、效率变革与动力变革研究。在今后的研究中，将以此为主要框架，进一步对其内部相关关系与作用机制进行深入研究，实现机制的细腻化。

（2）模型的计量检验。本书从微观角度进行研究，通过对现实经济现象的高度提炼和概括，形成了流通环节作用于经济高质量发展的微观机制。但由于缺乏微观数据，本书仅通过数理模型及其仿真对其进行了验证。在今后的研究中，将借助大数据研究方法对理论模型进行检验。大数据是由数量巨大、结构复杂、类型众多的数据所构成的数据集合，是基于云计算的数据处理与应用模式。大数据是与人类日益普及的网络行为相生相伴的，是由部门、企业采集的非传统结构和意义的数据。大数据体量巨大、数据类型繁多、价值密度低且处理速度快，互联网、云计算、移动互联网、手机、平板电脑以及遍布全球的各式各样的传感器都是大数据的来源。未来，微观经济分析要在这种新背景下处理经济个体的决策与判断。

（3）多案例分析。在经济管理研究过程中，案例研究是普遍应用的方法，但关于案例研究方法的可靠性、结论的普遍性一直存在质疑。与定量研究相比，案例研究被质疑缺乏精确性、客观性和严谨性。结论的普遍性或许是案例研究最常被质疑的问题，这种质疑的根据是，案例研究结论通常建立在一个或者少数案例研究的基础上。与单案例研究相比，研究者普遍认为，多案例研究结论比单案例研究结论更加具有普遍意义。因此，在后续的研究中，将继续开发与本书契合的流通案例，进一步验证其作用于经济高质量发展的作用机制，使结论更具有普遍性。

第二节 政策建议

根据上述研究结论，为了进一步发挥流通环节的基础性和先导性作用，实现流通革命与流通效率变革，为经济高质量发展与双循环新发展格局建设提供坚实的基础，因此，本书提出以下建议：

（1）构建现代流通体系。流通环节的作用在于创设实体经济空间，由于偏远地区消费者福利改进远远高于城市，现阶段的主要措施在于优化存量、建设增量。当前，在我国经济体系中，流通能力滞后于生产体系的生产能力，流通体系成为经济体系安全健康发展的短板。换句话说，当前，我国工业化进程及经济发展正好进入必须通过流通体系重构来突破的重要阶段，特别是在外贸受阻、内贸受新冠肺炎疫情冲击的背景下，此时，通过构建现代流通体系，畅通国内大循环、助力国内国际双循环的新发展格局就成了国家战略选择的必然构成。那么如何构建现代流通体系，为助力新发展格局发挥作用呢？具体来讲，如果一个国家或者地区的生产水平较高，但流通能力与其不适应，典型的问题就是生产水平远远高于流通水平，即流通的落后性造成大量库存积压、产能过剩，导致资源浪费，工业化进程受到阻碍，循环可持续发展无法实现，制约了经济的进一步稳定发展，甚至引发经济停滞的严重后果。此时，流通将处于重要位置，构建现代流通体系就是通过全面提升流通能力，解决因流通造成的短板问题，使流通能力与生产能力相适应。将现代流通体系的构建上升到国家战略层面，就是在思想上把流通和生产放到同等地位，改变过去重生产、轻流通的观点；在制度上要完善相关体制机制，破除区域之间的壁垒，减少因政策造成的障碍，降低流通领域的准入门槛，使交易费用降低，交易效率提升，降低交易过程的成本。只有畅通过去的流通堵点，辅以相关制度的支持，才能使流通发挥重要作用。

大力加强流通领域内的基础设施建设。流通基础设施建设是构建现代流通体系的重要保障。在基础交通方面，要因时制宜、因地制宜地开发、完善当地交通运输市场，合理规划当地交通路线，充分利用道路进行产品流通，构建现代多渠道交通运输体系，形成高效、高质、内外互通的交通运输网络。除此之外，在运输过程中不可避免会遇到生鲜产品的存储问题，因此，需要将冷链系统的建设纳入流通过程的基础设施建设中。运输过程中的问题解决后，亟待解决的是产品运输在中点及终点的储存问题，这就需要建设相应的物流分拨中心以及终端配送网点来解决，同时，设立储存基地。在技术高度发展的如今，运输体系的建设同样离不开数字技术的参与，大数据、人工智能等应用于流通基础设施建设，可以提升流通的整体布局，技术与金融的结合也可以提升支付结算的效率。同时，要加强公益性流通的基础设施建设，在把握整体关键节点的物流运输的同时，也要注意旁支，如解决"最后一公里"的问题，这是我国与发达国家的主要差距，主要解决途径是工作要下沉到地方，使每个城市有自身的便民生活圈；在农村树立流通效率与生产效率同等重要的观念，改造区域内的流通网点，健全物流配送网点建设，使外来工业品更容易进入农村市场，同样，农村生产出来的产品更容易销往城市。总体来说，就是要健全流通的骨干网络，即合理规划商品集散分拨中心、综合物流园区和公共配送中心等，打通诸如"最后一公里"的枝干问题。

（2）推进流通数字化升级。数字经济空间作为调节流通领域资源优化配置水平的关键变量，流通数字化升级水平直接决定资源优化配置水平的高低。因此，应全面推进流通领域的数字化升级，流通体系数字化转型是在现代流通体系基础上的数字经济空间再造。当今，互联网技术高速发展，互联网的普及使交易可以跨越时间和空间高效完成，这离不开个人数据的沉淀，沉淀后的数据经过进一步处理形成信息流。信息流作为现代流通体系的流通先导，将虚拟空间的运作反馈到有形市场，可以促进商品周转，并且可以根据现实中市场的发展再次反映到虚拟空间进行完善。

推进流通体系网络基础构建。加速流通全过程计算机网络与5G网络应用，在物流、供应链、零售终端、批发市场等流通环节示范，以推进物联网示范应用。设计切实可行的机制，推进流通环节各主体信息共享，合作开发数据资源。在供应链管理、商品追溯等领域探索区块链应用，在区块链应用成熟时，加速智能合约的嵌入。加速流通体系数据挖掘，流通组织与数据服务商应深入合作，挖掘沉淀在流通基础网络之上的多源异构数据。加速数据共享与整合，有能力的流通组织应充分利用其在供应链中的优势地位，加速生产、消费领域的数据共享，加速数据中台与消费者数据中心的建设。整合海量数据，探索数据转化的商业模式，提高数据转化为科学决策的水平。加速流通体系算法开发与人工智能应用，规范算法选择背后的基本原理。加速基于用户的协同过滤推荐算法、基于Item的协同过滤推荐算法、基于人口统计学的推荐算法、基于内容的推荐算法、基于关联规则的推荐算法、混合推荐算法等在双向匹配中的应用。规范算法选择背后的基本原理，引导算法提升资源优化配置水平，最终形成科技向善的良性循环。在算法开发的基础上，加速流通领域人工智能的应用，在诸多标准化、重复性劳动环节中，积极引入人工智能，加速流通体系无人化应用场景。推动流通组织上云、用云，有条件的地方和单位要在政策、资金、资源配套等方面加大支持力度，积极推动典型案例的应用推广。尽早将"用云量"纳入流通组织转型水平指标，并作为企业估值的主要依据。协同推进供应链的数字化和数字要素的供应链化，使研发到生产的供应链通过数字技术实现功能加成，产业利用数字技术打造自己的生态圈。鼓励传统企业改造升级，与已经成熟发展的先进企业联合创新，共享数据、人才、渠道等资源，向类似于互联网平台企业等数字化企业方向发展，打造共享经济。同时，商业模式也进行数字化升级，推动生产服务、金融服务与商业模式跨界融合的业务流程重塑和组织结构优化，形成数字化生态。

鼓励数据服务商积极开发面向消费者的个人信息助手，改变消费者在数字时代的弱势地位。个人信息助手是指经过消费者的全部访问授权，智能终端对消费者所有行为数据进行采集，挖掘消费者的显性需求与隐性需求，辅助、替代消费者进行信息处理的个人应用。由于数据采集技术的普及与应用，智能终端、智能穿戴设备开始覆盖消费者的所有活动，通过授权收集消费者的行为、语言、社会与环境数据，来自语言、手势、心跳、肌肤湿度等各方面的数据可以添加到我们日常生活和与外界交流的数据中，构成一个前所未有的巨大数据库。每个人都有许多特殊的、偶尔的欲望与需求，这些需求一直在我们的头脑中，但是很多时候都处于休眠状态，因为人脑无法让它们时时刻刻在我们今天的任务列表上处于亢奋状态，与此同时，个人信息助手拥有近乎无穷的记忆能力，它可以保存许多东西（如所有相关地图、兴趣点、个人喜好、联系人和过去的经历），还可以保持海量数据处于亢奋状态，一旦环境匹配，相关数据就可以立刻被激活。例如，路过某个地点时会激起你的特别兴趣，如果不在你的待办事项列表里，这种稀有的、偶发的事件便会被忽略，个人信息助手则会自动匹配场景，提醒主人可能的兴趣点，并且从它所管理的冗长的待办事项列表中，选出一些低频事件，以满足我们眼下场景的最适合需求。作为个人信息助手的主人，我们显然不能同时做所有潜在的有兴趣的事情，也不能记录下所有发生的事情，但是个人信息助手可以帮助我们记录和筛选，无论我们何时在网上搜索、浏览或者社交，即便是再小的行动，它都可以一丝不苟地记录到自己的数据库中，凭借这些数据完善用户的需求肖像。比如，它可以根据移动设备收集我们的身体数据、运动数据，从而监督我们日常的饮食，并且提供更健康的生活方式。个人信息助手的进一步完善离不开人工智能技术的提高，其作用可以归结为两个方面：内向与外向，前者是指它以使用者为中心，关注用户的所有行动，分析其潜在需求，并且根据具体情况分列优先级别；后者是指"守门人"作用，该作用可以对用户外部的、无用的、有害的信息进行过滤，减少噪声影响判断的可能性。在未来，个人信息助手将在用户生活中占据举足轻重的地位，继而产生新的交叉学科，来具体研究人与智能设备之间的交互作用，并且在显性和隐性知识之间获得进展。

（3）完善流通领域的制度与标准建设。破坏性经济空间是指在流通领域中非必要的费用增加，存在损害对方利益或者降低市场资源配置效率的可能，因此，流通领域的制度建设围绕规范流通组织的市场行为展开。商贸流通业是劳动密集型行业，其中，中小微企业是该行业的主体，目前，该行业的相关政策制度不健全导致有法不依现象频出，所以，现如今迫切需要建立新型监管机制，完善相关的法律法规，重视信用作用。目前，内贸方面的法律基本上还处于空白状态，内贸规则主要靠行政政策调节，强制刚性和延续性不够，并且不少行政规定或条例缺乏上位法的支撑。构建现代流通体系需要强化流通法律法规体系的建设和完善，打造规范、公平、公正的流通法治环境。现代流通体系的建设不仅需要硬件设施的保障，还需要适宜的市场环境配合，为了使供需进一步精准匹配，需要打破交易过程中的贸易壁垒，使各类市场主体可以公平地获得各类资源，发挥市场竞争的作用，公平准入市场，参与市场竞争，产权得到保护，促成供需互促、产销并进的良性循环。另外，信用在交易中的作用不容忽视，通过信息体系的建设，使每件产品可以追溯，降低交易费用的同时，也可以使消费者放心消费，给市场交易带来稳定预期和信心，提高交易效率，最终促进经济循环。从制度层面来说，可以通过创新制度设计来促进流通业的发展，具体来讲，有以下几个方面：第一，引入先进的信息技术与监管制度。新时代背景下，算法、区块链技术、遥感技术的应用可以随时随地提供大量信息，提升政府监管的效率。部门之间由于信息壁垒的破除，可以跨部门协同监管，积极探索对新模式的监管政策，发挥数字政府的作用。第二，简政放权，打造服务型政府。流通部门要明确政府和市场的界限，将工作重点转变到营造公平的市场环境上来，全面推动公平竞争审查制度；同时，要借鉴国际先进经验，完善流通领域的立法，重点要先完善基础性制度的建立，这样才能为双循环新发展格局提供制度保障。

注重流通法律制度体系的完善。完善流通基础设施建设和市场监管法律体系，进一步保障现代流通体系建设的稳步推进，还需要规范流通秩序，根据实体空间的情况，动态及时地将不利于流通业发展的、过时的政策清理。当前，流通过程中的标准纷杂，同一行业的标准不同，所以，需要加快重点领域的标准制定和实施，既要将流通领域内类似行业的标准统一，又要促进不同标准之间的对接，方便交易的达成，为形成全国统一的流通标准体系提供支撑。在制度规则方面，我国自加入 WTO 以来，改革力度加大，目前已进入制度规则深化改革阶段，甚至是制度创新阶段。那么，新时代如何通过制度创新，制定和完善能够对接国际规则、引领国际规则、符合时代特点和要求的新制度规则就很重要。完善国内制度，将国内规则与国际规则对接是急需解决的问题和任务。只有国内制度完善、内外规则对接，内外贸之间才能顺利切换，柔性贸易支撑"双循环"的功能才能实现。遵循创新治理体系的要求，创新现代治理体系是现代流通体系的重要内容和要求，由准入监管向过程监管和全程监管转变，由多部门监管向统一市场监管转变，由行政监管向依法监管转变，完善依法、全程、统一、透明、高效的市场治理体系和流通政策法律体系，构建流通规制，规范流通环境体系。

（4）培育壮大具有国际竞争力的流通组织。我国缺少在国际上有影响力的流通领域内的企业，缺少国际话语权。在新发展格局下，流通问题已经上升到国家战略层面，而流通问题的关键是流通主体的问题。为提升国际竞争力，流通主体的建设必不可少，因此，需要打造一批符合现代流通体系的企业，以提高流通业的质量和效率，如可以通过数字化建设、品牌化打造、强强联合等途径促使流通企业发展，向着"走出去"的目标发展，融入全球化发展格局，利用全球要素优化资源配置。具体的措施可以简述为以下几点。第一，供应链竞争是现代流通企业竞争的实质，通过供应链的逆向整合可以增强流通企业的竞争力，促进流通企业扩大自身的用户规模（渠道），提升对渠道的控制力，继而在交易过程中对消费者行为迅速做出反应，促进交易高效完成。第二，加快构建企业现代流通网络化布局，突破由于传统技术落后造成的时空阻碍。这可以从两方面达成，即组织内部网络化和组织外部网络化，前者是使企业内部的经营模式网络化；后者是随着企业分工专业化程度的加深，利用数字技术形成网络外部性，使自身具备更大的竞争优势，占据更有利的市场地位。第三，利用新技术驱动流通业态创新，新技术带来新的商业模式，如O2O等移动互联网商业模式的创新发展。将技术与流通业融合，推动企业线上线下协同发展，使线上为线下实体经济赋能，巩固实体经济的支柱地位。第四，以海外连锁、海外仓等方式连通国内国际市场，提升中国流通"走出去"以及参与全球竞争的能力。通过培育大型流通企业，逐步打造以现代流通企业为主的现代供应链联盟，打破价值链活动中的时间和空间障碍，提升中国特色现代流通体系的价值核心优势。

（5）强化流通组织的反垄断规制。从产业组织理论的发展历程来看，产业组织规制的核心开始从市场结构—市场行为—市场绩效（即SCP范式）向市场行为—市场绩效的具体考察转化。尤其是在网络组织背景下，由于网络外部性的影响，网络组织普遍具有寡头垄断的市场结构，因此，反垄断规制必须考量产业组织的市场行为，根据特定市场行为所产生的市场绩效，判断其市场行为的结果，对其进行反垄断规制。

在具体的实施过程中，各地根据《中华人民共和国反垄断法》（以下简称《反垄断法》），对流通组织的相关市场进行界定，识别其在相关市场的垄断结构。垄断市场结构并不意味着垄断行为，未来过程监管的核心是对存在滥用市场支配地位的市场行为进行具体分析，分析其对市场竞争与市场绩效的影响，判断经营者的行为是否违法，在识别其违法的同时，根据其造成的市场福利损失，明确其需承担的法律责任。随着流通数字化升级的推进，流通组织普遍具有网络组织形态，因此，对区域流通组织与全国流通组织，尤其是具有平台属性的流通组织应重点关注，流通领域的反垄断规制将进入强监管和常态化阶段。

（6）规范流通组织的市场行为。识别区域流通组织与全国范围流通组织，对价格战、数据滥用、第三方售假等损害对方利益或者降低市场资源配置效率的行为进行识别，依法依规规范流通组织的市场行为。对于流通领域的价格战问题，应明确其基本方向，价格战不能欺诈，也不能以低于成本的价格进行销售，以这两条为前提，除此之外，价格战是正常的市场行为，是市场竞争下行业内进行的优胜劣汰行为。对于部分商品（服务）先涨价再促销的行为以及低价倾销行为，应该依据相关法律对其进行严厉处罚。其中，低价倾销行为是指经营者以排挤竞争对手为目的，以低于成本的价格销售商品。《中华人民共和国反不正当竞争法》《中华人民共和国价格法》《关于制止低价倾销行为的规定》中均有对低价倾销商品的相关禁止性规定。

对于数据滥用问题，应加快流通领域产权立法，并利用前沿技术对数据进行管理。部分经济学家认为，数据产权应根据科斯定理，在存在交易费用时，产权应归属于效用最大化的主体。从目前来看，流通组织可以实现数据效用最大化，因此，数据产权应归属于流通组织。但从实际来看，代表性平台企业多拿大数据搞恶性商业竞争，大数据对中国的价值提升贡献不大，甚至是负面影响。因此，应以法理为基础，通过对数据所有权与收益权等的判断，借鉴欧盟《通用数据保护条例》，合理确定流通领域的数据产权。流通组织应在数据产权确定的基础上转变决策，通过区块链技术，加快转变为流通数据管理主体，对流通领域沉淀的海量多源异构数据进行采集、整合、存储，并开发出切实可行的商业模式，实现流通数据使用的参与约束与激励相容约束。

随着流通活动的全渠道融合和场景极度颗粒化趋势，传统的直接控制型治理方式无论从效率还是效果看，都不能满足零售治理的需要。从效率来看，由于流通活动的场景极度颗粒化，政府已无法对所有流通活动进行监管，尤其是在流通组织上开展流通活动主体的资质认定与消费者安全保障义务。在技术可行的前提下，假设政府对所有零售活动进行直接控制，数据获取仍是间接的、高成本的。《中华人民共和国电子商务法》（以下简称《电子商务法》）中的服务对象是指关系到消费者生命健康的商品或者服务，如果电子商务平台的经营者对平台经营者的资质资格未尽到审核义务，或对消费者未尽到安全保障义务，导致消费者利益损害，应依法对该平台经营者处以相应惩罚，平台经营者也要承担相应的责任。《电子商务法》是国家关于零售业态治理的最新尝试，在《电子商务法》出台的过程中，经历了电商平台责任的博弈，从第三稿的连带责任雏形到第四稿的补充责任，再到最终定稿为相应责任，整个博弈过程中积极的意义在于授权治理方式雏形的出现，无论何种责任，平台一定对零售活动、数据安全、食品安全负有相应责任。对流通领域屡禁不止的第三方售假问题，流通组织应承担相应责任，应利用技术手段，提高抽检效率与抽检率，从根本上杜绝假货。一旦出现第三方售假，流通组织应承担赔偿的责任，解决第三方售假产生的市场问题。

参考文献

［1］ Agergard E, Oisen P A, Aiipass J. The Interaction between Retailing and the Urban Centre Structure: A Theory of Spiral Movement ［J］. Environment and Planning, 1970, 2（1）: 55-71.

［2］ Ailawadi K L, HarlamB A. Retailer Promotion Pass-through: A Measure is Magnitude, and its Determinants ［J］. Marketing Science, 2009, 28（4）: 782-791.

［3］ Akerlof G A. The Market for "Lemons": Quality Uncertainty and the Market Mechanism ［J］. The Quarterly Journal of Economics, 1970, 84（3）: 488-500.

［4］ Alderson W. Marketing Behavior and Executive Action ［M］. Homewood: Richard D. Irwin Inc., 1957.

［5］ Angeletos G M. Pavan A. Efficient Use of Information and Social Value of Information ［J］. Econometrica, 2007, 75（4）: 1103-1142.

［6］ Arkolakis C, Costinot A, Rodríguez-Clare A. New Trade Models, Same Old Gains? ［J］. The American Economic Review, 2012, 102（1）: 94-130.

［7］ Armstrong M, Wright J. Two-Sided Markets, Competitive Bottlenecks and Exclusive Contracts ［J］. Economic Theory, 2007, 32（2）: 353-380.

［8］ Armstrong M. Competition in Two-Sided Markets ［J］. The RAND Journal of Economics, 2006, 37（3）: 668-691.

［9］ Baccara M, ịmrohoroǧlu A, Wilson A J, Yariv L. A Field Study on Matching with Network Externalities ［J］. The American Economic Review, 2012, 102 (5): 1773-1804.

［10］ Battaglini M, Morton R B, Palfrey T R. Information Aggregation and Strategic Abstention in Large Laboratory Elections ［J］. The American Economic Review, 2008, 98 (2): 194-200.

［11］ Beem E R, OxenfeldtA R. A Diversity Theory for Market Processes in Food Retailing ［J］. Journal of Farm Economics, 1966, 48 (3): 69-95.

［12］ Bresnahan T F, TrajtenbergM. General Purpose Technologies "Engines of growth"? ［J］. Journal of Econometrics, 1995, 65 (1): 83-108.

［13］ Brown J R, Dant R P, Ingene C A, KaufmannP J. Supply Chain Management and the Evolution of the "Big Middle" ［J］. Journal of Retailing, 2005, 81 (2): 97-105.

［14］ Brown S. Variations on a Marketing Enigma: The Wheel of Retailing Theory ［J］. Journal of Marketing Management, 1991, 7 (2): 131-155.

［15］ Brown S. Institutional Change in Retailing: AReview and Synthesis ［J］. European Journal of Marketing, 1987, 21 (6): 5-36.

［16］ Carvalho V M. From Micro to Macro Via Production Networks ［J］. Journal of Economic Perspectives, 2014, 28 (4): 23-48.

［17］ Chen J W, Doraszelski U. HarringtonJ E Jr. Avoiding Market Dominance: Product Compatibility in Markets with Network Effects ［J］. The RAND Journal of Economics, 2009, 40 (3): 455-485.

［18］ Choi J P. Tying in Two-sided Markets with Multi-homing ［J］. The Journal of Industrial Economics, 2010, 58 (3): 607-626.

［19］ Choi J P. Mergers with Bundling in Complementary Markets ［J］. The Journal of Industrial Economics, 2008, 56 (3): 553-577.

［20］ Coase R H. The Nature of the Firm ［J］ Economica, 1937, 4 (16):

386-405.

[21] Deiderick T E, Dodge H R. The Wheel of Retailing Rotates and Moves [R]. Carbondale: Proceedings Southern Marketing Association, 1983.

[22] Dixon T J. The Role of Retailing in Urban Regeneration [J]. Local Economy, 2005, 20 (2): 168-182.

[23] Dobbs R, Chen Y, Orr G, Manyika J, Chui M, Chang E. China's E-tail Revolution: Online Shopping as a Catalyst for Growth [M]. New York: McKinsey Global Institute, 2013.

[24] Economides N, Katsamakas E. Two-Sided Competition of Proprietary vs. Open Source Technology Platforms and the Implications for the Software Industry [J]. Management Science, 2006, 52 (7): 1057-1071.

[25] Evans D S, Hagiu A, Schmalensee R. A Survey of The Economic Role of Software Platforms in Computer-Based Industries [J]. CESifo Economic Studies, 2004, 51 (2-3): 189-224.

[26] Fan J T, Tang L X, Zhu W M, Zou B. The Alibaba Effect: Spatial Consumption Inequality and the Welfare Gains from E-commerce [J]. Journal of International Economics, 2018 (114): 203-220.

[27] Farrell J, Klemperer P. Coordination and Lock-In: Competition with Switching Costs and Network Effects [M] //Armstrong M, Porter R. Handbook of Industrial Organization (Volume 3). Amsterdam: North Holland, 2007: 1967-2072.

[28] Foster J. The Analytical Foundations of Evolutionary Economics: From Biological Analogy to Economic Self-organization [J]. Structural Changeand Economic Dynamics, 1997, 8 (4): 427-451.

[29] Fox E J, Montgomery A L, Lodish L. Consumer Shopping and Spending Across Retail Formats [J]. The Journal of Business, 2004, 77 (S2): S25-S60.

[30] Fulgoni G M. "Omni-Channel" Retail Insights and the Consumer's Path-to-Purchase: How Digital has Transformed the Way People Make Purchasing Decisions [J]. Journal of Advertising Research, 2014, 54 (4): 377-380.

[31] Gist R R. Retailing: Concepts and Decisions [M]. New York: John Wiley & Sons Inc., 1968.

[32] Hansen R, Sia S K. Hummel's Digital Transformation toward Omnichannel Retailing: Key Lessons Learned [J]. MIS Quarterly Executive, 2015, 14 (2): 51-66.

[33] Jackson M O. Networks in the Understanding of Economic Behaviors [J]. The Journal of Economic Perspectives, 2014, 28 (4): 3-22.

[34] Kahneman D, Tversky A. Prospect Theory: An Analysis of Decision under Risk [J]. Econometrica, 1979 (47): 263-291.

[35] Katz M L, Shapiro C. Product Compatibility Choice in a Market with Technological Progress [J]. Oxford Economic Papers, 1986 (38): 146-165.

[36] Katz M L, ShapiroC. Technology Adoption in the Presence of Network Externalities [J]. Journal of Political Economy, 1986, 94 (4): 822-841.

[37] Keynes J M. A Treatise on Probability [M]. New York: Macmillan, 1921.

[38] Lord J D, Guy C M. Comparative Retail Structure of British and American Cities: Cardiff (UK) and Charlotte (USA) [J]. The International Review of Retail, Distribution and Consumer Research, 1991, 1 (4): 391-436.

[39] Lucas R E Jr., Prescott E C. Investment under Uncertainty [J]. Econometrica, 1971, 39 (5): 659-681.

[40] Lucas R E Jr., Stokey N L. Optimal Fiscal and Monetary Policy in an Economy without Capital [J]. Journal of Monetary Economics, 1983, 12 (1): 55-93.

[41] Markovich S, Moenius J. Winning while Losing: Competition Dynam-

ics in the Presence of Indirect Network Effects [J] . International Journal of Industrial Organization, 2009, 27 (3): 346-357.

[42] McNair M P. Significant Trends and Developments in the Post-war Period [M] //Smith A B. Competitive Distribution in a Free High-level Economy and its Implications for the University. Pittsburgh: University of Pittsburgh Press 1958: 18.

[43] Munshi K. Community Networks and the Process of Development [J] . Journal of Economic Perspectives, 2014, 28 (4): 49-76.

[44] Nair H, Chintagunta P, DubéJ P. Empirical Analysis of Indirect Network Effects in the Market for Personal Digital Assistants [J] . Quantitative Marketing and Economics, 2004 (2): 23-58.

[45] Nocke V, Peitz M, Stahl K. Platform Ownership [J] . Journal of the European Economic Association, 2007, 5 (6): 1130-1160.

[46] Ohashi H. The Role of Network Effects in the US VCR Market, 1978-1986 [J] . Journal of Economics & Management Strategy, 2003, 12 (4): 447-494.

[47] Piketty T. Top Income Shares in the Long Run: An Overview [J] . Journal of the European Economic Association, 2005, 3 (2-3): 382-392.

[48] Rangaswamy A, Bruggen G H V. Opportunities and Challenges in Multichannel Marketing: An Introduction to the Special Issue [J] . Journal of Interactive Marketing, 2005, 19 (2): 5-11.

[49] Regan W J. The States of Retail Development [M] // Cox R, Alderson W, Shapiro S J. Theory in Marketing (Second Series) . Homewood: Richard D. Irwin, Inc. , 1964: 139-153.

[50] Rochet J, Tirole J. Two-Sided Markets: An Overview [EB/OL] . [2004-03-12] . http: //web. mit. edu/14. 271/www/rochet_ tirole. pdf.

[51] Rochet J, Tirole J. Two-Sided Markets: A Progress Report [J] . The RAND Journal of Economics, 2005, 37 (3): 645-667.

［52］ Rohlfs J. A Theory of Interdependent Demand for a Communications Service ［J］. The Bell Journal of Economics and Management Science, 1974, 5 (1): 16-37.

［53］ Rosen R. Two-Sided Markets: A Tentative Survey ［J］. Review of Network Economics, 2005, 4 (2): 142-160.

［54］ Rosenbloom B, Schiffman L G. Retailing Theory: Perspectives and Approaches ［M］// Stampfl R W, Hirschman E C. Theory in Retailing: Traditional and Non - traditional Sources. Chicago: American Marketing Association, 1981: 168-179.

［55］ Rothschild M, Stiglitz J. Equilibrium in Competitive Insurance Markets: An Essay on the Economics of Imperfect Information ［J］. The Quarterly Journal of Economics, 1976, 90 (4): 629-649.

［56］ Rysman M. Competition between Networks: A Study of the Market for Yellow Pages ［J］. The Review of Economic Studies, 2004, 71 (2): 483-512.

［57］ Rysman M. The Economics of Two-Sided Markets ［J］. Journal of Economic Perspectives, 2009, 23 (3): 125-143.

［58］ Schmitt P, Skiera B, Bulte C V D. Referral Programs and Customer Value ［J］. Journal of Marketing, 2011, 75 (1): 46-59.

［59］ Shannon C E. A Mathematical Theory of Communication ［J］. The Bell System Technical Journal, 1948, 27 (3): 379-423.

［60］ Simon H A. Bounded Rationality and Organizational Learning ［J］. Organization Science, 1911, 2 (1): 125-134.

［61］ Smith V L. Economics in the Laboratory ［J］. Journal of Economic Perspectives, 1994, 8 (1): 113-131.

［62］ Spence M. Job Market Signaling ［J］. The Quarterly Journal of Economics, 1973, 87 (3): 355-374.

［63］ Stango V. The Economics of Standards Wars ［J］. Review of Network Economics, 2004, 3（1）: 1-19.

［64］Williams D. Structure and Competition in the U. S. Home Video Game Industry［J］. International Journal on Media Management, 2002, 4（1）: 41-54.

［65］Wilson C. A Model of Insurance Markets with Incomplete Information ［J］. Journal of Economic Theory, 1977, 16（2）: 167-207.

［66］Witt U. Self-organization and Economics—What is New?［J］. Structural Changeand Economic Dynamics, 1997, 8（4）: 489-507.

［67］Yoo B, Choudhary V, MukhopadhyayT. Electronic B2B Marketplaces with Different OwnershipStructures［J］. Management Science, 2007, 53（6）: 952-961.

［68］奥利弗·E. 威廉姆森. 治理机制［M］. 石烁, 译. 北京: 机械工业出版社, 2016.

［69］奥兹·谢伊. 网络产业经济学［M］. 张磊, 译. 上海: 上海财经大学出版社, 2002: 16-28.

［70］鲍观明, 叶永彪. 零售业态演变规律的综合模型构建［J］. 财贸经济, 2006（4）: 48-51.

［71］蔡宏波. 网络经济下一定优胜劣汰吗?——基于临界容量与蝴蝶效应的网络经济分析［J］. 产业经济研究, 2012（3）: 41-49.

［72］陈克文. 论风险及其与信息和不确定性的关系［J］. 系统辩证学学报, 1998, 6（1）: 83-87.

［73］陈文玲.2021年全球经济将全面恢复增长［J］. 财经界, 2021（13）: 13-14.

［74］程贵孙, 陈宏民, 孙武军. 双边市场视角下的平台企业行为研究［J］. 经济理论与经济管理, 2006（9）: 55-60.

［75］程进文, 刘向东. 结构负利: 流通业比重与地区经济增长［J］. 经济理论与经济管理, 2016（6）: 32-44.

［76］戴黎燕. 中国零售业态变革研究［J］. 商讯商业经济文荟, 2006

（3）：11-13.

[77] 丁俊发. 构建供应链模式下的经济命运共同体 [J]. 供应链管理，2020，1（1）：11-17.

[78] 丁俊发. 流通创新驱动的十大对策 [J]. 中国流通经济，2013，27（2）：12-15.

[79] 方虹. 零售业态的生成机理与我国零售业态结构调整 [J]. 商业经济与管理，2001（10）：5-8.

[80] 弗兰克·奈特. 风险、不确定性与利润 [M]. 郭武军，刘亮，译. 北京：华夏出版社，2013.

[81] 弗里德里希·奥古斯特·冯·哈耶克. 哈耶克论自由文明与保障 [M]. 石磊，编译. 北京：中国商业出版社，2016：24-42.

[82] 弗里德里希·奥古斯特·冯·哈耶克. 哈耶克作品集：通往奴役之路 [M]. 王明毅，冯兴元，等译. 北京：中国社会科学出版社，2015.

[83] 高铁生. 充分发挥流通产业的先导作用 [J]. 中国流通经济，2011，25（11）：21-23.

[84] 龚秀芳. 网商生态系统与传统零售生态系统的比较分析 [J]. 电子商务，2011（9）：10-12.

[85] 郭道夫. 《社会主义流通经济学》三题 [J]. 中国物资，1987（1）：38+42-43.

[86] 郭国荣. 发展先导型商品流通结构的理论与实践 [J]. 财贸经济，2003（4）：76-82+96.

[87] 郭馨梅，张健丽，刘艳. 互联网时代我国零售业发展对策研究——基于网络零售与传统零售业融合发展视角分析 [J]. 价格理论与实践，2014（7）：106-108.

[88] 韩建新. 市场行为中的信息成本论 [J]. 图书与情报，2000（2）：8-14.

[89] 韩耀，晏维龙，杨俊涛. 零售商主导型供应链研究综述 [J]. 北京

工商大学学报（社会科学版），2009，24（5）：1-5.

［90］何大安．互联网应用扩张与微观经济学基础——基于未来"数据与数据对话"的理论解说［J］．经济研究，2018，53（8）：177-192.

［91］何大安．流通产业组织理论的构建思路及框架设计［J］．财贸经济，2014（2）：103-113.

［92］何帆．变量［M］．北京：中信出版社，2019.

［93］亨德里克·迈耶·奥勒．日本零售业的创新和动态：从技术到业态，再到系统［M］．盛亚，李靖华，胡永铨，等，译．北京：知识产权出版社，2010：5-6.

［94］洪涛，彭化．流通产业的开放与创新——2002—2003年我国商贸理论综述［J］．北京工商大学学报（社会科学版），2004（3）：5-11.

［95］洪涛．2020上半年中国农产品电商发展报告［J］．中国商论，2020（15）：1-10.

［96］洪银兴．资源配置效率和供给体系的高质量［J］．江海学刊，2018（5）：84-91.

［97］黄纯纯．网络产业组织理论的历史、发展和局限［J］．经济研究，2011，46（4）：147-160.

［98］黄国雄，王强．现代零售学［M］．北京：中国人民大学出版社，2008：16-24.

［99］黄国雄．零售业态的调整、组合与创新研究（中）［J］．商业经济研究，2015（7）：4-6.

［100］黄国雄．论流通产业是基础产业［J］．市场营销导刊，2003（2）：6-8.

［101］黄国雄．纵论中国流通体制改革目标及走向［J］．商业时代，2005（33）：6-8.

［102］黄凯南．程臻宇．认知理性与个体主义方法论的发展［J］．经济研究，2008（7）：142-155+160.

［103］黄漫宇．中国农村零售业态变革分析——基于零售进化综合模型［J］．农业经济问题，2011，32（9）：72-76+112.

［104］黄民礼．双边市场与市场形态的演进［J］．首都经济贸易大学学报，2007（3）：43-49.

［105］黄少安．现代产权经济学的基本方法论［J］．中国社会科学，1996（2）：16-26.

［106］纪宝成．关于深化供销社综合改革的几点理论认识［J］．商学研究，2017，24（6）：33-38.

［107］纪汉霖，管锡展．双边市场及其定价策略研究［J］．外国经济与管理，2006（3）：15-23.

［108］纪良纲，王佳溟．"互联网+"背景下生鲜农产品流通电商模式与提质增效研究［J］．河北经贸大学学报，2020，41（1）：67-75.

［109］纪玉山．网络经济的崛起：经济学面临的新挑战［J］．经济学动态，1998（5）：3-8.

［110］贾根良．杨格定理与经济发展理论［J］．经济社会体制比较，1996（2）：58-60.

［111］江小涓．高度联通社会中的资源重组与服务业增长［J］．经济研究，2017，52（3）：4-17.

［112］姜奇平．重读奈特《风险、不确定性与利润》［J］．互联网周刊，2019（21）：70-71.

［113］姜绍周．社会主义商品流通的先导论——对流通与生产的关系再认识［J］．商业研究，1992（9）：13-15.

［114］蒋传海．网络效应、转移成本和竞争性价格歧视［J］．经济研究，2010，45（9）：55-66.

［115］荆林波．中国流通领域：从研究回溯到未来方向［J］．财贸经济，2021，42（3）：5-13.

［116］卡尔·夏皮罗，哈尔·R. 范里安．信息规则：网络经济的策略指

导［M］．孟昭莉，牛露晴，译．北京：中国人民大学出版社，2017．

　　［117］卡利斯·Y.鲍德温，金·B.克拉克，等．价值链管理［M］．北京新华信商业风险管理有限责任公司，译．北京：中国人民大学出版社，2003．

　　［118］雷兵．网络零售生态系统种群成长的系统动力学分析［J］．管理评论，2017，29（6）：152-164．

　　［119］李飞，贺曦鸣．零售业态演化理论研究回顾与展望［J］．技术经济，2015，34（11）：34-46．

　　［120］李飞．零售革命［M］．北京：经济管理出版社，2003：14-25．

　　［121］李飞．零售业态创新的路线图研究［J］．科学学研究，2006（S2）：654-660．

　　［122］李飞．迎接中国多渠道零售革命的风暴［J］．北京工商大学学报（社会科学版），2012，27（3）：1-9．

　　［123］李光芹．消费者视角下的国内零售业态变迁路径阐释［J］．商业时代，2009（27）：14-15．

　　［124］李桂华，刘铁．传统零售商"优势触网"的条件与权变策略［J］．北京工商大学学报（社会科学版），2011，26（5）：6-12．

　　［125］李海舰，魏恒．新型产业组织分析范式构建研究——从 SCP 到 DIM［J］．中国工业经济，2007（7）：29-39．

　　［126］李海舰，原磊．论无边界企业［J］．中国工业经济，2005（4）：94-102．

　　［127］李明，王云美，司春林．网络经济下锁定效应的经济学本质及成因研究——基于非转移成本的视角［J］．上海管理科学，2009，31（5）：14-19．

　　［128］李煜伟，倪鹏飞．外部性、运输网络与城市群经济增长［J］．中国社会科学，2013（3）：22-42+203-204．

　　［129］林甫生．关于流通经济学及其创立［J］．社会科学，1994（4）：

48+69-72.

　　［130］林力．零售业态演化过程及业态划分依据探讨［J］．商业时代，2014（29）：4-5．

　　［131］刘大为，李凯．双边市场中平台企业兼容策略选择研究［J］．运筹与管理，2011，20（2）：180-185．

　　［132］刘刚．企业成长之谜——一个演化经济学的解释［J］．南开经济研究，2003（5）：9-14．

　　［133］刘国光．推进流通改革　加快流通业从末端行业向先导性行业转化［J］．商业经济研究，1999（1）：9-11．

　　［134］刘宁．零售业态分化与我国零售业态发展的战略调整［J］．南京经济学院学报，2003（3）：22-26．

　　［135］刘晓雪．竞争与共生：中国零售业态结构演变分析［J］．北京工商大学学报（社会科学版），2009（1）：1-5．

　　［136］刘星原．我国零售业态及经营模式异化与趋同的演变规律研究［J］．当代经济科学，2001（4）：75-79．

　　［137］卢福财，胡平波，黄晓红．交易成本、交易收益与网络组织效率［J］．财贸经济，2005（9）：19-23．

　　［138］鲁品越．在全面深化改革实践中开拓马克思主义政治经济学新境界［J］．红旗文稿，2016（12）：19-21．

　　［139］吕玉明，吕庆华．中美网络零售业比较与我国网络零售业发展路径研究［J］．宏观经济研究，2013（4）：100-106．

　　［140］罗宾·刘易斯，迈克尔·达特．零售业的新规则：战斗在全球最艰难的市场上［M］．高玉芳，等，译．北京：中信出版社，2012．

　　［141］骆品亮，傅联英．零售企业平台化转型及其双边定价策略研究［J］．管理科学学报，2014，17（10）：1-12．

　　［142］马超．我国零售业演变的影响因素及发展趋势分析［D］．西北大学博士学位论文，2010．

［143］马龙龙，刘畅．我国高端消费外流成因与回流政策研究［J］．价格理论与实践，2013（6）：17-19．

［144］马树建，王慧敏，施庆生．生产商能力限制条件下零售供应链的Stackelberg博弈模型［J］．统计与决策，2008（16）：50-51．

［145］迈克尔·哈默．企业再造：企业革命的宣言书［M］．王珊珊，译．上海：上海译文出版社，2007．

［146］孟利锋，刘元元，翟学智．零售业态管理［M］．北京：清华大学出版社，2013：1-12．

［147］牛华勇，崔校宁，苏灵．外资零售对中国零售业态结构优化的调节效应［J］．中国流通经济，2015，29（5）：100-106．

［148］彭娟．基于规模发展的零售业态区域差异实证研究［J］．北京工商大学学报（社会科学版），2012，27（4）：17-24+63．

［149］彭娟．中国零售业态分类研究［J］．商业研究，2014（7）：42-49．

［150］青木昌彦，安藤晴彦．模块时代：新产业结构的本质［M］．周国荣，译．上海：上海远东出版社，2003．

［151］邱泽奇，张樹沁，刘世定，许英康．从数字鸿沟到红利差异——互联网资本的视角［J］．中国社会科学，2016（10）：93-115+203-204．

［152］曲创，杨超，臧旭恒．双边市场下大型零售商的竞争策略研究［J］．中国工业经济，2009（7）：67-75．

［153］曲振涛，周正，周方召．网络外部性下的电子商务平台竞争与规制——基于双边市场理论的研究［J］．中国工业经济，2010（4）：120-129．

［154］冉净斐．从先导到创新：流通经济学研究的新进展［J］．商业经济与管理，2004（2）：8-12．

［155］芮明杰，李想．零售业态的差异化和演进：产业组织的视角［J］．产业经济研究，2007（2）：1-7+34．

［156］沈蕾，于炜霞．中国服装零售业态发展内在动因的探讨［J］．

商业经济与管理，2000（5）：13-15.

［157］施蕾．全渠道时代顾客购物渠道选择行为研究［J］．当代财经，2014（2）：69-78.

［158］石明明．消费者异质性、搜寻与零售业态均衡——后福特时代流通过程如何响应消费者异质性［J］．财贸经济，2013（11）：107-116.

［159］石奇，岳中刚．大型零售商的双边市场特征及其政策含义［J］．财贸经济，2008（2）：105-111.

［160］石涛，陶爱萍．报酬递增：特殊性向普遍性转化的分析［J］．中国工业经济，2007（4）：5-12.

［161］时珍，韦奇．关于建设"社会主义流通经济学"的设想［J］．云南财贸学院学报，1986（3）：68-73.

［162］史晋川，刘晓东．网络外部性、商业模式与 PC 市场结构［J］．经济研究，2005（3）：91-99+107.

［163］司增绰．需求供给结构、产业链构成与传统流通业创新——以我国批发和零售业为例［J］．经济管理，2015，37（2）：20-30.

［164］宋则．市场变异是破坏社会和谐的总根源——兼论一种"改革悖论"［J］．经济体制改革，2007（6）：25-29.

［165］宋则．我国零售业发展中长期三大战略要点［J］．中国流通经济，2012，26（5）：13-18.

［166］孙殿国．大型零售商主导购物中心零售业态双边市场运行机理［J］．河北经贸大学学报，2015，36（1）：102-106.

［167］孙明贵．业态管理学原理［M］．北京：北京大学出版社，2004：60-69.

［168］孙冶方．流通概论［J］．财贸经济，1981（1）：6-14.

［169］T.G.勒维斯．非摩擦经济——网络时代的经济模式［M］．卞正东，王宇，王志娟，等译．南京：江苏人民出版社，1999：21-33.

［170］谭向勇．充分发挥现代流通的先导和基础作用［J］．中国流通

经济，2007（4）：6.

　　[171] 陶伟军，文启湘．零售业态的生成与演进：基于知识的分析 [J]．当代经济科学，2002（6）：52-57+93.

　　[172] 田华伟．消费者异质性视角下的中国零售业态发展与演进研究 [J]．价格月刊，2018（7）：74-79.

　　[173] 汪建成，任丽霞．中国零售业的环境指数、业态生命周期与业态 变迁 [J]．当代经济管理，2006（3）：38-41+46.

　　[174] 王彩霞．新时代高质量发展的理论要义与实践路径 [J]．生产 力研究，2018（10）：18-22+67.

　　[175] 王飞跃．平行系统方法与复杂系统的管理和控制 [J]．控制与 决策，2004（5）：485-489+514.

　　[176] 王海波，曹玉书．发达国家零售业发展的做法及启示 [J]．经 济纵横，2015（11）：124-128.

　　[177] 王海波．我国零售业态演化的研究 [D]．北京交通大学博士学 位论文，2016.

　　[178] 王汉生．数据思维：从数据分析到商业价值 [M]．北京：中国 人民大学出版社，2017.

　　[179] 王娟．基于消费者行为的零售业态演进研究 [D]．中南大学博 士学位论文，2012.

　　[180] 王伟，宋雨．基于模块化制造网络的企业价值创造研究综述 [J]．大连海事大学学报（社会科学版），2016，15（3）：52-56.

　　[181] 王先庆．新发展格局下现代流通体系建设的战略重心与政策选 择——关于现代流通体系理论探索的新框架 [J]．中国流通经济，2020, 34（11）：18-32.

　　[182] 王晓东，陈梁，武子歆．流通业效率对制造业绩效的影响——兼 论供给侧结构性改革中的流通先导性 [J]．经济理论与经济管理，2020 （4）：82-99.

[183] 王晓东，谢莉娟．社会再生产中的流通职能与劳动价值论 [J] ．中国社会科学，2020 (6) ：72-93+206．

[184] 王晓东．由电商之争看我国零售商业发展问题 [J] ．商业时代，2014 (3) ：47-49+2．

[185] 王一鸣．百年大变局、高质量发展与构建新发展格局 [J] ．管理世界，2020，36 (12) ：1-13．

[186] 王瑜，任浩．模块化组织价值创新：内涵与本质 [J] ．科学学研究，2014，32 (2) ：282-288．

[187] 王玥．基于全球生产网络视角下的零售供应链升级与转型——以鲜奶和大豆油为例 [J] ．地理研究，2018，37 (7) ：1435-1446．

[188] 维克托·迈尔-舍恩伯格，肯尼思·库克耶．大数据时代：生活、工作与思维的大变革 [M] ．盛杨燕，周涛，译．杭州：浙江人民出版社，2013．

[189] 魏敏，李书昊．新时代中国经济高质量发展水平的测度研究 [J] ．数量经济技术经济研究，2018，35 (11) ：3-20．

[190] 文启湘．弘扬马克思主义流通理论加快建设现代流通体系——构建新发展格局提升产业链供应链的视角 [J] ．时代经贸，2021，18 (1) ：60-62．

[191] 翁怡诺．新零售的未来 [M] ．北京：北京联合出版社，2018．

[192] 乌家培．网络经济及其对经济理论的影响 [J] ．学术研究，2000 (1) ：4-10．

[193] 吴汉洪，孟剑．双边市场理论与应用述评 [J] ．中国人民大学学报，2014，28 (2) ：149-156．

[194] 吴泗宗，蒋海华．对网络外部性的经济学分析 [J] ．同济大学学报（社会科学版），2002 (6) ：70-77．

[195] 吴宪和．流通先导：转变经济增长方式的有效途径 [J] ．上海商业，2006 (Z1) ：32-34．

[196] 武亚军. 中国本土新兴企业的战略双重性: 基于华为、联想和海尔实践的理论探索 [J]. 管理世界, 2009 (12): 120-136+188.

[197] 夏春玉, 杨宜苗. 零售业态适应性评价及影响因素判定——基于限额以上连锁零售企业的研究 [J]. 财贸经济, 2007 (10): 87-92+129.

[198] 夏春玉. 零售业态变迁理论及其新发展 [J]. 当代经济科学, 2002 (4): 70-77.

[199] 夏春玉. 论商品流通政策主体、目标与体系 [J]. 北京商学院学报, 1998 (3): 2-5.

[200] 辛向前. 网络经济的交易费用和信息不对称 [J]. 中共中央党校学报, 2003 (4): 99-104.

[201] 邢宏建, 臧旭恒. 网络标准竞争的共存均衡与厂商的兼容策略 [J]. 南开经济研究, 2008 (1): 96-111.

[202] 徐从才, 丁宁. 服务业与制造业互动发展的价值链创新及其绩效——基于大型零售商纵向约束与供应链流程再造的分析 [J]. 管理世界, 2008 (8): 77-86.

[203] 徐从才, 盛朝迅. 大型零售商主导产业链: 中国产业转型升级新方向 [J]. 财贸经济, 2012 (1): 71-77.

[204] 徐从才. 流通经济学: 过程、组织、政策 [M]. 北京: 中国人民大学出版社, 2006.

[205] 许定洁. 基于业态变迁学说的我国零售业态创新研究 [J]. 商业经济研究, 2016 (7): 97-99.

[206] 鄢章华, 刘蕾. "新零售"的概念、研究框架与发展趋势 [J]. 中国流通经济, 2017, 31 (10): 12-19.

[207] 颜安, 周思伟. 虚拟整合的概念模型与价值创造 [J]. 中国工业经济, 2011 (7): 97-106.

[208] 晏维龙, 零售营销策略组合及零售业态多样化 [J]. 财贸经济, 2003 (6): 83-86+95-97.

［209］晏维龙．"零售之轮"理论发展的逻辑与不足［J］．北京工商大学学报（社会科学版），2002（6）：30-34．

［210］晏维龙．生产商主导　还是流通商主导——关于流通渠道控制的产业组织分析［J］．财贸经济，2004（5）：11-17．

［211］杨小凯，张永生．新贸易理论、比较利益理论及其经验研究的新成果：文献综述［J］．经济学（季刊），2001（1）：19-44．

［212］依绍华．"双循环"背景下构建商贸流通体系新格局［J］．中国发展观察，2020（18）：20-23．

［213］于斌斌．演化经济学理论体系的建构与发展：一个文献综述［J］．经济评论，2013（5）：139-146．

［214］余东华，芮明杰．模块化、企业价值网络与企业边界变动［J］．中国工业经济，2005（10）：90-97．

［215］昝廷全．系统经济：新经济的本质——兼论模块化理论［J］．中国工业经济，2003（9）：23-29．

［216］张鸿雁，李程骅．商业业态变迁与消费行为互动关系论——新型商业业态本土化的社会学视角［J］．江海学刊，2004（3）：99-105．

［217］张利萍，邸敏学．略论把流通业提升为先导产业（一）［J］．科技情报开发与经济，2002（3）：64-65．

［218］张宁宁，叶永彪．零售业态演变规律探析——一个以消费者为视角的新阐释［J］．商讯商业经济文荟，2006（2）：86-88．

［219］张五常．企业的契约性质［J］．现代制度经济学，1985：139-153．

［220］张武康，郭立宏．网络零售业态引入对零售企业绩效的影响研究［J］．统计与决策，2015（12）：181-184．

［221］张先轸，何文，李京晓．流通、生产与消费：基于三部门封闭经济系统的均衡分析［J］．财贸经济，2014（8）：94-103．

［222］张翼成，吕琳媛，周涛．重塑：信息经济的结构［M］．成都：

四川人民出版社，2018.

　[223] 张永林.互联网、信息元与屏幕化市场——现代网络经济理论模型和应用 [J].经济研究，2016，51（9）：147-161.

　[224] 张永林.网络、信息池与时间复制——网络复制经济模型 [J].经济研究，2014，49（2）：171-182.

　[225] 赵德海，胡元礼.现代商品流通运行 [M].北京：中国财政经济出版社，2003.

　[226] 赵德海，刘威.商业地产开发中的错位及对策研究 [J].财贸经济，2005（10）：88-91.

　[227] 赵德海，阎昌晶.调整零售业态结构的研究 [J].商业研究，2002（13）：33-34.

　[228] 赵泉午，刘婷婷，陈凤林.零售业态与企业绩效的实证研究——基于沪深零售业上市公司的数据 [J].商业经济与管理，2010（9）：19-26.

　[229] 赵泉午，刘婷婷，陈凤林.零售业态与企业绩效的实证研究——基于沪深零售业上市公司的数据 [J].商业经济与管理，2010（9）：19-26.

　[230] 赵伟，白长虹.对当前我国大型零售企业业态变革的思考 [J].中国软科学，2000（2）：33-36.

　[231] 赵玮，李玉萍.消费者行为视角下零售业态演进的影响因素及发展趋势 [J].商业经济研究，2016（12）：23-24.

　[232] 赵效民.研究流通理论促进经济体制改革——孙冶方社会主义流通理论讨论会闭幕词 [J].财贸经济，1985（1）：11-16.

　[233] 中西正雄，吴小丁.零售之轮真的在转吗 [J].商讯商业经济文荟，2006（1）：14-19.

　[234] 周霄雪.下游企业市场扩张与上游企业生产效率——跨国零售企业对中国制造企业的影响 [J].国际贸易问题，2016（11）：76-85.

［235］朱涛．零售业态演化：基于组织能力视角的理论分析［J］．商业经济与管理，2009（3）：5-10.

［236］朱彤．外部性、网络外部性与网络效应［J］．经济理论与经济管理，2001（11）：60-64.

［237］朱智，赵德海．我国城乡商品流通市场一体化研究［J］．财贸经济，2010（3）：130-135.

［238］祝合良，李晓慧．扩大内需与我国流通结构调整的基本思路［J］．商业经济与管理，2011（12）：5-11.

［239］祝合良，王春娟．"双循环"新发展格局战略背景下产业数字化转型：理论与对策［J］．财贸经济，2021，42（3）：14-27.

［240］祝合良．现代商业经济学［M］．北京：首都经济贸易大学出版社，2004.

［241］庄华强．零售业态演化规律的理论探讨［J］．商业经济与管理，2002（7）：32-34.